ONMONT 1975

I0166653

LA
SAINT-BARTHÉLEMI.

1640

IMPRIMERIE DE FIRMIN DIDOT,
RUE JACOB, N° 24.

LA
SAINT-BARTHÉLEMI,
DRAME
EN PLUSIEURS SCÈNES,

Par CHARLES D'OUTREPONT.

Et des fleuves français les eaux ensanglantées
Ne portaient que des morts aux mers épouvantées.
LA HENRIADE, chant 2.

A PARIS,

CHEZ FIRMIN DIDOT PÈRE ET FILS,

LIBRAIRES, RUE JACOB, N° 24;

ET CHEZ TÉTOT FRÈRES, LIBRAIRES,

RUE MONTPENSIER-CARROUSEL, N° 5.

M DCCC XXVI.

PRÉFACE.

PRESQUE tous les personnäges de ce drame sont
historiques, et, malheureusement pour plusieurs
d'entre eux, ils n'y sont pas calomniés ; mais tous
les auteurs de la Saint-Barthélemi y calomnient
le catholicisme en le faisant servir d'instrument
à leur ambition et à leurs desseins criminels. La
religion de Jésus est toute douceur, toute humanité, tout courage, toute résignation, toute
vertu. « Bien heureux ceux qui sont doux,
« parce qu'ils posséderont le royaume des cieux.
« Bien heureux ceux qui sont affamés et altérés
« de la justice, parce qu'ils seront rassasiés.
« Bien heureux ceux qui sont miséricordieux,
« parce qu'ils obtiendront eux - mêmes miséri-

« corde (1). » Voilà les préceptes du fils de Marie,
voilà la religion morale de tout honnête homme.
Non, je ne crains pas de le répéter : « De vrais
« disciples du Christ auraient toutes les vertus,
« ce seraient des dieux sur la terre (*). »

Quelques lecteurs croiront peut-être que je
m'écarte de la vérité historique en rendant le
saint-siège complice de la conspiration la plus
épouvantable dont il soit question dans les an-
nales du monde ; mais je les prie de vouloir bien
se rappeler que presque tous les historiens s'ac-
cordent sur cette complicité. Bossuet, dont l'autorité n'est pas suspecte en cette matière, dit que
la nouvelle du massacre de la Saint-Barthélemi
fut agréablement reçue à Rome (2). D'ailleurs,
qui n'a pas entendu parler du fameux tableau
exposé au Vatican, avec ces paroles : *Le pape
approuve la mort de Coligni* (3)? Convaincu cependant que, même dans les temps les plus déplorables, beaucoup d'honnêtes gens gémissent
sur les crimes que font commettre le fanatisme

(*) Voyez mon Dialogue entre Hippocrate et Fénélon.

et l'ambition, j'ai mis en scène un vieux prêtre dont les vertus évangéliques contrastent honorablement avec les horreurs que j'ai été obligé de peindre.

Comme le respectable chancelier de L'Hôpital avait quitté la cour depuis quatre ans à l'époque de ce grand crime, je n'ai pas cru devoir lui donner une place dans mon tableau; mais, en revanche, la reine Élisabeth, femme de Charles IX, y joue un rôle honorable. Cette princesse fut toujours vertueuse au milieu d'une cour corrompue, et elle pleura toute sa vie les attentats du Roi.

Le cardinal de Lorraine, un des auteurs de l'abominable projet de la Saint-Barthélemi, était alors à Rome. Il donna mille écus d'or au courrier qui lui apporta la nouvelle de la mort de Coligni (4), et, pour récompenser l'assassin, il le maria à une de ses bâtardes (5).

Quant aux sentimens religieux et aux mœurs de cet homme d'Église, voici quelques lignes extraites de Saint-Foix, de Brantôme, et de Bayle.

PRÉFACE.

SAINT-FOIX.

« Ce même cardinal, étant à la tête du conseil
« sous le règne de François II, se trouva impor-
« tuné du grand nombre d'officiers estropiés et
« de veuves d'officiers tués, qui sollicitaient à
« la cour quelques petites pensions pour vivre.
« Il fit publier à son de trompe, *pour se délivrer*,
« disait-il, de *ces mendians*, que tous ceux qui
« étaient venus à Fontainebleau pour demander
« quelque chose, eussent à se retirer dans vingt
« et quatre heures, sous peine d'être pendus à
« un gibet qu'il fit dresser devant le château. Il
« mourut dans son lit (6). »

BRANTÔME.

« Lui, (le cardinal de Lorraine) passant une
« fois par le Piémont, allant à Rome pour le
« service du Roi son maître, visita le duc et la
« duchesse ; après avoir assez entretenu M. le
« duc, il s'en alla trouver madame la duchesse
« en sa chambre, pour la saluer, et s'approchant
« d'elle, elle, qui était la même arrogance du
« monde, lui présenta la main pour la baiser :
« M. le cardinal, impatient de cet affront, s'appro-

« cha pour la baiser à la bouche, et elle de re-
« culer : lui, perdant patience, et s'approchant
« de plus près encore d'elle, la prend par la tête,
« et, en dépit d'elle, la baisa deux ou trois fois ;
« et quoiqu'elle en fît les cris et exclamations à
« la portugaise et à l'espagnole, si fallut-il qu'elle
« passât par là. Comment, dit-il, est-ce à moi
« à qui il faut user de cette mine et façon ? Je
« baise bien la Reine, ma maîtresse, qui est la
« plus grande Reine du monde : et vous, je ne
« vous baiserais pas, qui n'êtes qu'une petite
« duchesse crottée ? Et si veux que vous sachiez
« que j'ai couché avec des dames aussi belles, et
« d'aussi ou plus grande maison que vous (7). »

BAYLE.

« C'était un grand cardinal, qui ne s'expo-
« sait à rien, en allumant par tous les coins du
« royaume la guerre civile : il était assuré de
« suivre toujours la cour, à l'abri de tout dan-
« ger et de toute peine, et que, pendant que
« les provinces seraient un théâtre de carnage,
« il continuerait à se vautrer dans les voluptés ;
« que son luxe, sa pompe, sa bonne chère, ses

« amourettes, ne souffriraient point d'interrup-
« tion. C'est là un sujet de scandale qui doit
« augmenter prodigieusement l'horreur que fait
« aux âmes vraiment chrétiennes un prédicateur
« boute-feu, cornet de guerre, et de supplice et
« de tuerie; homme qui, à proprement parler,
« n'est point de la religion de Jésus-Christ, mais
« de celle de Saturne, et qui, dans le fond,
« pratique ce que les prêtres de Carthage prati-
« quaient anciennement en l'honneur de ce faux
« dieu; ils lui immolaient des hommes, et s'i-
« maginaient que la religion demandait de telles
« victimes (8). »

Je ne dirai rien de Catherine de Médicis;
l'univers connaît cette femme exécrable dont
la mémoire sera enveloppée d'un crêpe sanglant jusqu'à la consommation des siècles; cette
femme qui corrompit ses fils pour leur arracher le sceptre; qui, toujours entourée de pro-
stituées qu'on appelait *filles d'honneur*, affec-
tait des opinions religieuses qu'elle méprisait
intérieurement, et qui fut l'ame du plus grand
crime que la vertu indignée et la religion en
pleurs puissent reprocher au trône.

Quelques mots sur mon ouvrage. Ce drame n'est qu'un tableau de la Saint-Barthélemi et des principaux évènemens qui ont précédé cette déplorable catastrophe. J'ai suivi l'histoire sans m'inquiéter des règles de notre théâtre, car mon intention n'a pas été d'écrire une pièce régulière, comme on l'entend parmi nous, mais seulement de mettre en action un grand fait historique.

On peut observer l'unité de lieu dans les tragédies où il n'est question que de débats domestiques; mais, quand il s'agit de peindre une époque mémorable, je crois qu'il est permis de s'affranchir d'une règle qui alors n'en est plus une, puisque le bon sens la condamne. Et, pour ne parler ici que de deux ou trois de nos tragédies, est-il naturel que Cinna répète à Émilie, dans le cabinet d'Auguste, le discours qu'il a fait aux conjurés? Est-il naturel que Zamore, rendu à la liberté, arrive avec ses compagnons d'infortune dans le palais de Gusman, pour les enflammer de vengeance contre ce même Gusman, leur vainqueur et leur maître? Enfin, est-

il naturel qu'Athalie vienne raconter un songe,
dans le temple des juifs, à Mathan, sacrificateur
de Baal? Je conviens cependant que les scènes
dont je parle sont admirablement écrites et que
le songe d'Athalie est une idée de génie, en le
considérant comme moyen d'amener dans le
même lieu, des personnages qui ne devraient
pas y être : mais la situation n'en est pas moins
forcée et peu vraisemblable. Si Racine avait osé
secouer la règle, la veuve de Joram n'eût pas
eu de songe, ou bien elle l'eût raconté dans son
palais.

Quoique je ne désapprouve pas la division par
actes, j'y ai cependant renoncé, parce qu'elle
ne me paraît pas absolument nécessaire, et que
souvent même, comme il serait facile de le
prouver, elle n'est pas toujours naturelle. Que
l'on me dise, par exemple, pourquoi OEdipe,
dans la tragédie de Voltaire, quitte le théâtre à
la fin du troisième acte? Pourquoi Néron, dans
Britannicus, le quitte à la fin du quatrième?
Viens, Narcisse, dit-il, *allons voir ce que nous
devons faire.* Cependant il est seul chez lui,

avec son confident. Où va-t-il donc voir ce qu'il doit faire? Nulle part, mais l'acte devait finir.

Les Grecs n'ont pas divisé leurs tragédies en cinq points (9). En effet, où est la nécessité, pour établir la vérité dramatique, de laisser le théâtre vide quatre fois pendant la représentation d'une pièce, tandis que nous ne permettons pas à nos poètes de le laisser vide une seule fois avant la fin d'un acte? Au surplus mon drame n'étant pas destiné à la scène, rien ne m'obligeait de l'écrire sur un modèle de pure convention.

NOTES

DE LA PRÉFACE.

(1) NAPOLÉON, prisonnier à Sainte-Hélène et par conséquent malheureux, lisait l'évangile. Il ne trouvait rien de
plus beau en morale que le discours de Jésus sur la mon-
tagne. *Mémorial de Sainte-Hélène*, t. IV, p. 165.

(2) *Abrégé de l'histoire de France*, p. 695, t. II de ses
œuvres, Paris, 1821. — *Histoire de la papauté*, traduit de
l'allemand, p. 172. — *Histoire universelle*, traduit de l'anglais, t. LXXVI, p. 482. — *Histoire d'Italie*, par M. Fantin Desodoards, t. VI, p. 183. Ce dernier s'exprime en ces
termes : « La misère publique, devenue extrême en France,
« força le roi d'Espagne et même le pape, à consentir à cette
« paix. (La paix de Saint-Germain). On crut cependant que les
« cours de Rome et de Madrid étaient instruites des desseins
« secrets de Catherine de Médicis. » Le même historien dit
ailleurs : « Dès que le chancelier de L'Hôpital eut quitté le
« conseil, la cour fut entièrement livrée au pape et à Phi-
« lippe II. » T. VI, p. 180.

(3) Voyez l'*Essai sur les guerres civiles de France*, à la
suite de *la Henriade*.

(4) Notes de M. J. Chénier sur sa tragédie de *Charles IX*.

(5) *Essais historiques sur Paris*, par Saint-Foix; 1re partie, p. 62, Londres, 1754.

(6) Le même ouvrage, 2ᵉ partie, p. 51.

(7) Dames galantes, t. II, p. 364.

(8) *Dictionnaire de Bayle*, art. Cardinal de Lorraine.

(9) Tous les gens de lettres savent que, dans Eschyle, Sophocle et Euripide, les actes sont des divisions du père Brumoy et de ses imitateurs.

PERSONNAGES.

CHARLES IX, roi de France.

CATHERINE DE MÉDICIS, veuve de Henri II et mère du roi.

ÉLISABETH, reine de France.

HENRI DE BOURBON, roi de Navarre.

MARGUERITE DE VALOIS, sœur de Charles IX.

GRÉGOIRE XIII.

L'amiral DE COLIGNI, chef de la maison de Châtillon.

CHARLES DE LORRAINE, cardinal.

Le duc HENRI DE GUISE, neveu du cardinal de Lorraine.

Le duc D'ANJOU, frère du roi.

Le prince DE CONDÉ.

HENRI D'ANGOULÊME, grand-prieur de France, bâtard de Henri II.

Le duc D'AUMALE, oncle du duc de Guise.

TÉLIGNI, gendre de l'amiral.

FRÉDERIC DE GONZAGUES, duc de Nevers.

ALBERT DE GONDI, comte de Retz.

GASPARD DE TAVANNES.

BUSSY D'AMBOISE.

MARSILLAC, comte de La Rochefoucauld.

Le cardinal DE BOURBON.

BIRAGUE, garde-des-sceaux.

Le vidame de Chartres.

MONTGOMÉRI.

Le comte DE COCONAS.

Un vieux prêtre.

CAUMONT DE LA FORCE et ses deux fils.

CHARPENTIER, professeur en philosophie.

1

PERSONNAGES.

RAMUS.

LE PRÉVÔT DES MARCHANDS.

ÉCHEVINS.

UN PRÉDICATEUR.

MARTIN.

UN MARQUEUR DE JEU DE PAUME.

LANGOIRAN, gentilhomme du parti de Coligni.

MAUREVEL.

BESME.

L'ABBÉ POPOLI, homme dévoué au cardinal de Lorraine.

AMBROISE PARÉ, chirurgien.

UNE FILLE D'HONNEUR, attachée à Marguerite de Valois.

GUILLAUME, homme de confiance du cardinal de Lorraine.

LOUISE, femme de Guillaume.

UN COURRIER DE CABINET.

DEUX HUISSIERS DE CABINET.

UN DOMESTIQUE DU PAPE.

UN DOMESTIQUE DE TÉLIGNI.

DEUX OUVRIERS.

DEUX SUISSES CATHOLIQUES.

UN MAÎTRE DES CÉRÉMONIES.

COURTISANS.

CALVINISTES.

UN GARDE DU ROI.

UN SUISSE de la garde du roi de Navarre.

HOMMES de la suite du duc de Guise.

Plusieurs disciples de Charpentier.

Peuple.

L'action commence le jour même de la célébration du mariage de Marguerite de Valois avec Henri de Bourbon, c'est-à-dire le 18 août 1572.

LA
SAINT-BARTHÉLEMI,

DRAME.

SCÈNE PREMIÈRE.

(Au Louvre.)

CATHERINE DE MÉDICIS, assise.

Tout marche au gré de mes désirs : la lutte va
cesser. Aujourd'hui le mariage; dans quelques jours
le plus grand coup d'état dont une tête couronnée
ait jamais donné l'exemple. Nous ne prierons pas
Dieu en français, monsieur de Coligni..... Comme
je les ai trompés! je les tiens depuis deux ans sous
mon poignard, et ils se jettent dans mes bras...!(1).
Génie des Médicis, achève ton ouvrage. Que mon
nom devienne la terreur des raisonneurs audacieux
qui oseront adopter des hérésies.... Genève ou Rome,
peu m'importe (2); je ne suis l'esclave ni de l'une
ni de l'autre, mais couvrons-nous d'un masque sacré pour tromper la multitude qui ne voit jamais

rien au-delà de ce qu'on lui montre. La religion outragée, les hérétiques.... On mène les hommes avec des mots.

(Elle se lève. Après un moment de silence.)

Le peuple que je méprise m'impose cependant l'obligation de respecter ce qu'il adore; il m'enchaîne à genoux aux pieds de ses idoles. Quoique ma fierté s'en indigne, il faut bien m'y résoudre. Je voudrais pouvoir mépriser ouvertement le culte que j'ai l'air de défendre par conviction, et en accabler en même temps les calvinistes qui, probablement, ne sont pas plus de leur religion que je ne suis de la mienne. Mais pourquoi m'arrêter à ces idées? Puisque l'Amiral (3) va au prêche, allons au temple du pontife romain. Hypocrisie contre hypocrisie, ambition contre ambition : nous verrons qui l'emportera.

SCÈNE II.

CATHERINE DE MÉDICIS, UN HUISSIER DE CABINET.

L'HUISSIER.

Madame, M. l'abbé Popoli, arrivé de Rome ce matin, demande à vous remettre lui-même une lettre de M. le cardinal de Lorraine.

CATHERINE DE MÉDICIS.

Qu'on l'introduise. (L'Huissier sort.) Ce n'est pas

encore la réponse à la dernière que je lui ai écrite, car à peine mon courrier arrivera-t-il aujourd'hui.

SCÈNE III.

CATHERINE DE MÉDICIS, L'ABBÉ POPOLI.

POPOLI.

Je me félicite, Madame, de la confiance sans bornes dont m'honore M. le Cardinal de Lorraine, puisqu'elle me procure l'inappréciable avantage de m'approcher de votre auguste personne, et de contempler en vous un génie politique que Rome admire avec le reste de l'Europe.

CATHERINE DE MÉDICIS.

Dieu par qui règnent les rois, Dieu seul a tout fait, Monsieur; je lui dois tout ce que je suis. Vous devez me remettre....

POPOLI, lui remettant une lettre.

La voici, Madame.

CATHERINE DE MÉDICIS, après avoir lu la lettre du Cardinal.

Je vois que nous avons lieu d'espérer que le souverain Pontife nous couvrira de son égide sacrée. Ma justification, si j'en ai besoin, partira du Vatican..... M. le Cardinal, qui se connaît en hommes, paraît avoir la plus grande confiance en vous, car il me prie de vous donner toute la mienne. Vous pourrez nous être utile; restez à Paris.

POPOLI.

Défendre la royauté et la religion par tous les moyens qui seront en mon pouvoir est le vœu le plus ardent de mon cœur. Tout me lie à votre cause, mon respect pour Votre Majesté (4), ma reconnaissance envers le Cardinal, mais surtout ma haine profonde pour des hérétiques qui osent attaquer une religion descendue du ciel, et élever des temples à Baal au milieu de la cité sainte. Nous triompherons, Madame, des hardis novateurs qui inondent la France. Le jour n'est pas éloigné, peut-être, où un nouveau Samson se baignera saintement dans le sang de ces Philistins.

CATHERINE DE MÉDICIS.

La volonté de Dieu soit faite en toutes choses!

POPOLI.

Elle s'accomplira, Madame... Votre Majesté n'a-t-elle aucun ordre à me donner?

CATHERINE DE MÉDICIS.

Voyez le Roi en secret, et montrez-lui ce zèle qui vous a acquis mon estime. Tâchez de le persuader, car tous les jours je l'entraîne dans mes projets, et tous les jours il m'échappe. Son esprit flotte, il hésite : c'est un jeune homme qu'il faut conduire, qu'il faut même tromper, pour le sauver des piéges de ses ennemis; il ignore sa position.

POPOLI.

Que ne vous devra-t-il pas, Madame, après la victoire!

CATHERINE DE MÉDICIS.

Hélas! l'ingratitude est quelquefois sur le trône.

POPOLI.

Je n'y vois que la religion, le génie et la vertu, quand j'y contemple Catherine de Médicis.

(Il se retire.)

SCÈNE IV.

CATHERINE DE MÉDICIS.

Cet homme m'est entièrement dévoué, mais est-il hypocrite ou persuadé?... Peu importe au surplus, pourvu qu'il puisse m'être utile : d'ailleurs le Cardinal en répond; cela suffit. Relisons sa lettre.

« MADAME,

« L'abbé Popoli, qui aura l'honneur de vous re-
« mettre cette lettre, est un homme d'autant plus
« dévoué à la cause que nous défendons, qu'il la
« croit sacrée, ou du moins il joue bien son rôle.
« Ayez en lui toute la confiance possible. Je crois

« même qu'il pourra vous être utile au jour de la
« vengeance. C'est un renfort que je vous envoie
« pour vous aider à déterminer le Roi au grand
« coup projeté. Si nous n'en venons pas là, tout est
« perdu. Le souverain Pontife ne s'est pas encore
« expliqué positivement sur cette journée, mais j'ai
« lieu d'espérer que nous en obtiendrons ce que
« nous voudrons.

« Le cardinal de Pellevé m'écrit des lettres qui
« me satisfont beaucoup. Je crois cependant que
« plusieurs sont tombées entre les mains de je ne
« sais qui, car il me dit des choses qui en supposent
« d'autres que j'ignore (5).

« Je m'incline respectueusement aux pieds de
« Votre Majesté.

           « CHARLES, CARDINAL. »

Je n'ignore pas que les Guises sont dévorés d'ambition, et que, la faction calviniste détruite, ils es-
pèrent régner sous le nom de mon fils ; peut-être
même veulent-ils aller plus loin : mais malheur à ces
maires du palais s'ils osent toucher à une couronne
qui sera toujours la mienne ! Servons-nous d'eux
aujourd'hui puisque la nécessité m'y force ; après la
victoire, je saurai bien les contenir ou m'en défaire...
(Elle regarde l'horloge.) Allons trouver le Roi. J'aurai encore le temps de l'entretenir avant la cérémonie.

SCÈNE V.

(Au Louvre, dans l'appartement du roi.)

CHARLES IX, ÉLISABETH.

ÉLISABETH.

Ah! Sire, voilà donc le bonheur que mon père m'avait promis en me faisant monter sur le trône de France! la dernière de mes femmes est plus heureuse que moi. Qu'ai-je fait, grand Dieu! pour mériter de perdre votre confiance? Toujours soumise à vos ordres...

CHARLES.

Vous régnez dans mon cœur, Madame, vous y régnez seule. Pourquoi'donc ces soupçons qui m'outragent?

ÉLISABETH.

Vous me trompez, Sire; vous ne me dites pas toute la vérité.

CHARLES.

Madame...

ÉLISABETH.

Hélas! je suis bien malheureuse : exilée sur le trône, au milieu d'une cour étrangère où je n'ose verser des larmes, où personne n'oserait en répandre avec moi; mon époux même, l'ami de mon cœur, le soutien que Dieu m'a donné pour traverser la vie, Charles ne m'ouvre plus son âme. Vous avez des secrets pour Élisabeth, des secrets que je crois horribles, et que vos insomnies, vos regards inquiets, la pâleur de votre front, me révèlent.

CHARLES.

Puisque vous les connaissez, pourquoi me les demandez-vous?

ÉLISABETH.

Quoi! Sire, voilà votre réponse! et vous ne sentez pas qu'un cœur comme le mien ne peut s'en contenter? Une femme, qui aime son époux encore plus par sentiment que par devoir, a le droit d'exiger peut-être qu'il soit tout à elle quand elle est toute à lui. Vous lisez toujours dans mon âme. Pourquoi me fermez-vous la vôtre? (Elle verse des larmes.)

CHARLES.

Je ne conçois rien à vos reproches. Calmez-vous, Madame, essuyez vos larmes, et n'affligez pas davantage un cœur déja rongé de soucis. Les soins du trône, les partis qui divisent la France, la religion menacée...

ÉLISABETH.

Sire, vos ennemis ne sont-ils pas soumis? Marguerite de Valois conduite aujourd'hui à l'autel pour sanctionner la paix, l'amour de vos sujets, le res-

pect de l'étranger, vos traités renouvelés avec la
Toscane, l'Allemagne et l'Angleterre, tout ne de-
vrait-il pas porter le calme et la sérénité dans votre
âme?

CHARLES.

Mes ennemis soumis!... Dieu seul pourra me
donner le courage de les vaincre.

ÉLISABETH.

Ils sont vaincus, puisque vous les enchaînez par
vos bienfaits. Coligni lui-même...

CHARLES.

Cet homme m'est odieux; ne le défendez pas,
Madame; tant qu'il existera...

ÉLISABETH.

Sire, je lis dans vos yeux les conseils perfides
que l'on ose vous donner. On veut vous entraîner
dans un abîme... O mon Dieu, ne rejette pas mes
prières, et qu'une cour si fertile en intrigues crimi-
nelles ne triomphe jamais de la vertu d'un petit-fils
de saint Louis! (Le Roi s'assied, et la Reine va s'asseoir à côté
de lui.)
Avouez la vérité, mon ami... Ah! pardonnez ce
langage à ma tendresse; avouez que vous me cachez
de coupables projets qui ne sont pas votre ouvrage.
Faut-il me jeter à vos genoux?...

CHARLES.

Relevez-vous, Madame... Il est des secrets d'état que la prudence ne permet pas de révéler.

ÉLISABETH, avec chaleur.

Je les ai devinés pour votre malheur et pour le mien ; ils sont affreux, impies, abominables, dignes des temps où nous vivons. Mais la justice éternelle saura venger vos victimes ou plutôt celles de Médicis et des Princes Lorrains.

CHARLES, avec colère.

Vous vous oubliez...

ÉLISABETH.

Sire, ne vous y trompez pas. On vous dit que les calvinistes menacent la royauté, que ce sont des sujets dangereux, et l'on veut vous mettre sous le joug de leurs ennemis. On vous dit que l'Amiral conspire contre Votre Majesté dans les intérêts du prince de Condé, et les seuls conspirateurs sont les Guises, eux qui dévorent le trône en espérance. On vous dit que la religion doit être vengée, et l'on ne fera que l'outrager par des crimes. La croix, dans les décrets éternels, ne devait être couverte que du sang de Jésus-Christ ; c'est un sacrilége que d'y mêler celui des hommes. Dieu seul a le droit de les juger et de les punir.

CHARLES, après un moment de silence.

Madame, je renferme dans mon cœur tout ce que je viens d'entendre; et si j'oubliais un jour les conseils que me donne votre vertu alarmée...

ÉLISABETH.

N'écoutez que votre conscience, Sire; elle ne vous trompera jamais.

SCÈNE VI.

CHARLES IX, ÉLISABETH, CATHERINE DE MÉDICIS.

CATHERINE DE MÉDICIS, en embrassant Élisabeth.

Ma fille, tout se dispose pour la cérémonie qui va vous donner un frère de plus, et à moi un fils respectueux que je porte depuis long-temps dans mon cœur.

ÉLISABETH.

Puisse ce mariage, Madame, concilier tous les esprits, raffermir le trône, et attirer sur votre auguste personne et sur celle du Roi les bénédictions de la France.

CHARLES.

Vos vœux sont trop purs pour n'être pas exaucés.

ÉLISABETH.

Permettez-moi, Sire, d'aller attendre dans mon

oratoire le moment fortuné où vous présenterez votre sœur à l'autel. J'éprouve le besoin de prier pour mon époux, pour la France, et pour vous, Madame. (A part.) Mon Dieu, sauvez-le de sa mère.

SCÈNE VII.

CHARLES IX, CATHERINE DE MÉDICIS.

CATHERINE DE MÉDICIS.

Bénissons la fortune, mon fils : ils sont tombés dans le piége que je leur préparais depuis deux ans; ils périront tous. L'ange exterminateur les attend la foudre à la main pour venger le trône et la religion.

CHARLES.

Parlez plus bas, Madame; si l'on vous entendait... le coup d'état que nous méditons, et que d'autres pourraient bien appeler un crime, exige le plus grand secret.

CATHERINE DE MÉDICIS.

Un crime, dites-vous! vous ne serez donc jamais digne de votre mère? Apprenez que la faiblesse seule est le crime des rois, que le succès justifie tout, et que tout est permis pour l'obtenir. Vous ne vous êtes pas assez nourri du livre du précepteur

des princes. Soyez le plus fort, vous serez le plus
grand : voilà la morale de l'histoire.

CHARLES.

Et si nous succombions dans cette lutte sanglante?

CATHERINE DE MÉDICIS.

Ne craignez rien : Coligni s'avance vers la mort
enveloppé de ténèbres impénétrables. Dieu seul
pourrait le sauver, et le pontife de Rome bénira
nos poignards. Cet insolent Amiral ne se glorifiera
plus long-temps du traité de Saint-Germain ; il faut
qu'il expie le crime d'avoir imposé des conditions à
ses maîtres. Croyez-moi, mon fils, tant que la France
sera infectée d'hérésies aussi dangereuses pour le
gouvernement que pour la religion, car de l'examen
des choses sacrées on en viendra à l'examen du
pouvoir royal ; tant que les calvinistes n'auront pas
fléchi sous un sceptre impitoyable, vous ne jouirez
d'aucune tranquillité, et la couronne de saint Louis
chancellera sur votre tête.

CHARLES.

Je sens toute la force de vos raisons; elles me
persuadent comme roi, comme ennemi de Coligni.
Mais tremper mes mains dans le sang de mes sujets
après les avoir attirés à ma cour! Quelle trahison
indigne de votre fils! Que dira l'Europe? Que dira
la postérité?

CATHERINE DE MÉDICIS.

La postérité approuvera ce coup d'état parce qu'il est nécessaire. Si vous vous arrêtez devant la Réforme, elle vous dévorera. Eh quoi! entouré de factieux les armes à la main, vous hésitez de les exterminer! Le sang des Médicis et des Valois craindrait encore un Châtillon! Mon fils, le sceptre pèse-t-il à votre main débile? Voulez-vous descendre du trône?

CHARLES.

Je veux régner comme régnaient mes ancêtres.

CATHERINE DE MÉDICIS.

Sachez donc les imiter en tout; sacrifiez des ennemis d'autant plus dangereux que leur doctrine impie et anti-royale, par ses conséquences, menace non-seulement la France, mais l'Europe des plus grands bouleversemens politiques. Voyez ce qui se passe aujourd'hui dans les Pays-Bas. Malgré l'inexorable fermeté de Philippe et de son digne ministre, malgré le supplice de d'Egmont et du comte de Horn, ces belles provinces, en rébellion ouverte contre leur maître légitime, marchent sous les ordres d'un Nassau, sujet revêtu de la pourpre de son roi. Ah! que Philippe, qui nous approuve dans nos projets, bénirait le ciel s'il pouvait, ainsi que vous, se défaire en un seul jour de tous ses ennemis! Ce grand prince ne repousserait pas les conseils d'une mère...

CHARLES.

Madame, je rends justice à vos intentions. Je sais que vos soins ne tendent qu'au bonheur de la France, à la grandeur et à l'indépendance du trône. Croyez qu'à cet égard je lis dans votre ame comme vous-même. Mais que l'autorité de Philippe ne vous impose point : c'est par politique et nullement par conviction religieuse qu'il approuve cette proscription ; il craint que les huguenots ne viennent au secours des rebelles des Pays-Bas.

CATHERINE DE MÉDICIS.

Eh bien, cette crainte vous prouve combien il est important de détruire en France...

CHARLES.

Permettez-moi de penser qu'il serait plus glorieux pour moi de vaincre mes ennemis que de les assassiner sous les olives de la paix, et au pied de l'autel où je vais mettre aujourd'hui ma sœur dans les bras de Henri de Bourbon.

CATHERINE DE MÉDICIS.

De Henri de Bourbon qui ne devient mon gendre et votre frère, que parce que son ambitieuse mère n'a pu réussir à lui faire épouser Élisabeth (6).

CHARLES.

Mais ce mariage, qui devait éteindre les restes de nos dissensions civiles et consolider la tranquillité de la France, ne serait donc qu'un sacrilége, qu'un moyen d'assassinat pour aveugler les victimes de votre politique? Ah! madame, que me conseillez-vous! votre zèle vous égare; je le sens là. (Il met la main sur son cœur.) Songez à l'opprobre éternel qui m'attend, si je me souille de cette conspiration contre mes sujets.

CATHERINE DE MÉDICIS.

Des sujets rebelles ne méritent aucun ménagement.

CHARLES.

Mon nom prononcé avec horreur de siècle en siècle...

CATHERINE DE MÉDICIS.

Je prendrai tout sur moi.

CHARLES.

Vous ne persuaderez personne.

CATHERINE DE MÉDICIS.

Si le mariage de votre sœur avec le roi de Navarre n'est pas un piége, vous êtes indigne de régner... Écoutez-moi, mon fils. Voulez-vous me ravir le fruit de tout ce que j'ai fait pour vous, des dangers que j'ai courus au milieu des hasards de la guerre (7)? Engagée envers le souverain pontife et les Guise, devrai-je leur apprendre que la majesté du trône s'est abaissée devant l'étendard de la révolte et de l'impiété? Avez-vous oublié que le prédécesseur de Grégoire vous a autorisé, au nom du ciel, à vous emparer d'un fonds de cinquante mille écus de rente de biens ecclésiastiques, si vous exterminiez en France les ennemis de l'Église (8)? Cette bulle sainte, reçue dans votre conseil malgré l'opposition de l'Hôpital, dont les opinions religieuses ne sont que trop connues, n'est-elle pas un lien sacré que vous n'êtes plus maître de rompre? Ah! votre faiblesse, vos coupables hésitations perdront l'état et vous. Je n'ose vous parler de moi : mais si nous voyons renaître un jour des conjurations d'Amboise, n'oubliez pas qu'elles seront votre ouvrage, et, qu'au bord du précipice, vous avez repoussé la main de votre mère.

CHARLES.

Madame, je vous écoute avec le respect que vous avez le droit d'attendre de moi, mais je ne suis pas encore persuadé. Les Calvinistes ne sont pas peut-être les plus grands ennemis de mon sang; il en est que je n'ose nommer, et qui se couvrant d'un masque hypocrite...

CATHERINE DE MÉDICIS, d'un air inquiet.

Quels sont-ils?

CHARLES.

Les Guise.

CATHERINE DE MÉDICIS.

Oui, vous êtes entre deux factions, et par conséquent la raison d'état vous prescrit...

CHARLES.

D'opposer l'une à l'autre, pour qu'aucune des
deux ne puisse s'élever jusqu'au trône.

CATHERINE DE MÉDICIS.

Non, mon fils, mais d'écraser l'une par l'autre,
pour que vous n'ayez plus devant vous qu'un parti
facile à comprimer. Ah! que le duc de Guise n'est-
il tombé dans le piége que vous connaissez (9)! La
monarchie serait délivrée aujourd'hui de tous ses
ennemis, et votre règne heureux et tranquille...
Mais je vois avec douleur que je vous parle en vain.
Vous voulez vous perdre; perdez-vous.

CHARLES.

Souffrez que je flotte encore entre ma conscience
et votre politique. L'irrésolution est permise à un
roi que l'on sollicite à lancer la foudre sur des sujets qui paraissent soumis.

CATHERINE DE MÉDICIS.

La reine a-t-elle quelque soupçon de ce que nous
méditons contre l'amiral et les calvinistes?

CHARLES.

Oui, madame, mais ce ne sont que de vagues

pressentimens, que j'ai même tâché de détruire : elle ne sait rien.

CATHERINE DE MÉDICIS.

Gardez-vous bien de lui confier...

CHARLES.

Je sens toute l'importance d'un pareil secret d'état.

CATHERINE DE MÉDICIS.

Ses vertus ne sont pas des vertus de reine au milieu des factions qui nous assiégent. Elle vous inspirerait sa faiblesse, elle vous perdrait en voulant vous sauver. Mon fils, n'écoutez que Dieu, comme chrétien, et votre mère, comme roi.

SCÈNE VIII.

CHARLES IX, CATHERINE DE MÉDICIS, UN MAITRE DES CÉRÉMONIES, COURTISANS.

LE MAITRE DES CÉRÉMONIES.

Sire, on n'attend plus que votre majesté pour la célébration...

CHARLES.

C'est bien. (Au maître des cérémonies, qui se retire.) Le roi de Navarre et ma sœur sont-ils arrivés ?

LE MAITRE DES CÉRÉMONIES.

Le roi, Sire, est allé prendre son auguste épouse

dans ses appartemens pour l'accompagner jusqu'au salon de Médicis, d'où la cour doit se rendre à Notre-Dame, ainsi que l'a ordonné votre majesté.

CHARLES.

Cela suffit.

Le maître des cérémonies salue le roi et se retire.

(Aux courtisans.) Eh bien, messieurs, voilà un mariage qui va nous réjouir pendant quelques jours. Grâce au bon goût de Madame, les fêtes seront brillantes et ne laisseront rien à désirer.

UN COURTISAN.

Et grâce à votre sagesse profonde, sire, le Saint-Siége permet enfin à Marguerite de Valois d'épouser Henri de Bourbon.

CHARLES.

Ma foi, le pape a bien fait, car s'il s'était obstiné dans son refus, j'aurais donné un mari à ma sœur en plein prêche (10).

UN AUTRE COURTISAN.

Un grand roi tel que vous, sire, n'est jamais arrêté par les obstacles.

CHARLES.

Allons, messieurs, rendons-nous à la cérémonie.

(Ils sortent tous.)

SCÈNE IX.

Dans un salon des appartemens de Marguerite de Valois.

MARGUERITE DE VALOIS, UNE FILLE D'HONNEUR.

LA FILLE D'HONNEUR.

Séchez vos pleurs, Madame. Henri de Bourbon, d'un caractère noble et généreux, sentira tout le prix de l'auguste engagement qu'il va contracter aujourd'hui; et si les vœux que je fais pour votre bonheur ne me trompent pas sur l'avenir qui vous attend, vous serez la plus heureuse des femmes.

MARGUERITE DE VALOIS.

Heureuse...! Ah! mon amie... jamais. Henri de Guise vit tout entier dans mon cœur; rien ne pourra l'en arracher (11). Immolée à la politique des cours, on me mène à l'autel sans s'informer si je survivrai au douloureux sacrifice que l'on exige de moi. O Guise! que n'es-tu roi de Navarre, ou que ne suis-je d'un sang moins illustre!

LA FILLE D'HONNEUR.

Voici votre époux, Madame.

SCÈNE X.

MARGUERITE DE VALOIS, HENRI DE BOURBON, LA FILLE D'HONNEUR, QUELQUES COURTISANS.

HENRI DE BOURBON.

Je viens vous chercher, Madame, pour assurer votre bonheur et le mien. La cour vous attend, et mon cœur aspire à vous prouver...

MARGUERITE DE VALOIS.

Henri de Bourbon est noble et généreux... je lui confie mes destinées... Marchons à l'autel.

HENRI DE BOURBON.

Oui, Madame, et venez y recevoir des sermens que je trouve bien doux en contemplant vos charmes.

SCÈNE XI.

Au Louvre, dans le salon de Médicis.

CHARLES IX, CATHERINE DE MÉDICIS, ÉLISABETH, HENRI DE BOURBON, MARGUERITE DE VALOIS, LE DUC D'ANJOU, LE PRINCE DE CONDÉ, LE DUC DE GUISE, COLIGNI, HENRI D'ANGOULÊME, LE DUC D'AUMALE, TÉLIGNI, FRÉDERIC DE GONZAGUES, ALBERT DE GONDI, TAVANNES, MARSILLAC, BIRAGUE, LANGOIRAN, COURTISANS, PROTESTANS DE LA SUITE DE COLIGNI.

CHARLES, à Henri de Bourbon.

Mon frère, j'attendais ce jour avec une impatience égale à la vôtre. Puisque je vous donne ma sœur, rendez-la heureuse, et vous ne me devrez rien.

HENRI DE BOURBON.

Sire, je vous devrai toujours l'honneur de pouvoir vous appeler mon frère et d'être un des fils de Catherine de Médicis.

CATHERINE DE MÉDICIS.

Le sang des Bourbons ne méritait pas moins.

CHARLES.

Ah! vous voilà, M. de Coligni; je suis enchanté

de vous voir. Sans vous, la fête n'eût pas été complète.

COLIGNI.

Votre majesté m'honore beaucoup trop. Je ne suis qu'un sujet dévoué...

CHARLES.

Vous méritez mon estime, et je me plais à le dire tout haut.

GUISE, à Catherine de Médicis, à voix basse.

Nous n'obtiendrons rien du roi.

CATHERINE DE MÉDICIS, bas.

Ne vous découragez pas. (haut, à Coligni.) Nous vous tenons à présent, monsieur l'amiral. Vous ne devez pas croire que vous nous échapperez quand vous le voudrez (12).

COLIGNI.

Je ne veux jamais que mon devoir, Madame, et ce que me prescrit l'honneur : votre majesté doit me connaître.

CHARLES, à Coligni.

Je me suis réservé le plaisir de vous annoncer moi-même que je vous rends toutes vos pensions (13).

COLIGNI.

Ah! sire, je n'avais pas besoin de cette nouvelle preuve de la bienveillance de votre majesté pour être convaincu...

CATHERINE DE MÉDICIS.

M. de Coligni me permettra d'y joindre un présent de cent mille livres (14).

COLIGNI.

Que ne pouvez-vous lire dans mon cœur, Madame, combien je suis pénétré de vos bontés!

CHARLES.

Nous ne doutons pas de vos sentimens, Monsieur..., mais le cardinal de Bourbon nous attend à Notre-Dame : partons. (A Marguerite de Valois.) Acceptez ma main. (Au roi de Navarre.) La reine prendra la vôtre.

LE DUC D'ANJOU, bas, à Catherine de Médicis.

Nous sommes battus.

CATHERINE DE MÉDICIS, bas, au duc d'Anjou.

On les endort.

SCÈNE XII (15).

(A Notre-Dame.)

LES MÊMES PERSONNAGES ET LE CARDINAL DE BOURBON.

LE CARDINAL DE BOURBON, à Henri de Navarre,
(après avoir rempli quelques cérémonies que prescrit l'Église.)

Sire, consentez-vous à vous unir par les liens

du mariage à très-haute et très-puissante princesse Marguerite de Valois?

HENRI DE BOURBON.

Oui, monsieur le cardinal.

LE CARDINAL DE BOURBON, à Marguerite de Valois.

Madame, consentez-vous également à vous unir par les liens du mariage à très-haut et très-puissant Henri de Bourbon, roi de Navarre, premier prince du sang?

Marguerite hésite et ne répond pas. Surprise dans l'assemblée (16).

Consentez-vous...?

CHARLES.

La chose n'est pas douteuse : elle y consent. Excusez sa timidité. (A l'oreille de Catherine de Médicis.) Quelle obstination! si je n'avais pas répondu pour elle, le mariage n'avait pas lieu.

Le roi regarde le duc de Guise avec colère ; celui-ci paraît embarrassé.

COLIGNI, bas, au maréchal de Damville, après avoir regardé les étendards pris à Jarnac et à Moncontour.

J'espère que bientôt on verra flotter ici d'autres étendards plus agréables à voir, et que le cabinet de Madrid m'honorera d'une haine immortelle (17).

Henri de Bourbon et les huguenots se retirent à l'évêché pour ne pas assister à la messe. Grande sensation (18).

CATHERINE DE MÉDICIS, bas, à son fils.

Ils seront bientôt dispensés de l'entendre.

La cérémonie terminée, ils rentrent dans l'église.

CHARLES, avant de retourner au Louvre.

A ce soir, Messieurs. (Au prince de Condé.) Nous comptons sur vous.

CATHERINE DE MÉDICIS.

Et sur M. de Coligni. (Celui-ci s'incline avec respect.)

Tous les personnages sortent de Notre-Dame.

LANGOIRAN, à Coligni qu'il prend à part.

J'ai deux mots à vous dire.

COLIGNI.

Parlez, Monsieur.

LANGOIRAN.

Recevez mes adieux.

COLIGNI.

Vos adieux ?

LANGOIRAN.

Oui, et sérieusement. Je m'enfuis parce qu'on nous fait trop de caresses (19).

COLIGNI.

Comment! après ma réconciliation avec la cour et le duc de Guise, vous vous imaginez..., quelle folie !

LANGOIRAN.

J'aime mieux me sauver avec les fous que de périr avec ceux qui se croient trop sages (20).

COLIGNI.

Vous les jugez capables...?

LANGOIRAN.

De tout. Adiéu : c'est mon dernier mot, car l'air que l'on respire au Louvre n'est pas sain pour les calvinistes.

Il s'éloigne, et M. de Coligni rentre chez lui.

SCÈNE XIII (21).

(A Rome, chez le cardinal de Lorraine.)

GUILLAUME, UN COURRIER DE CABINET.

GUILLAUME.

Comment! c'est encore toi ?

LE COURRIER.

Oui, mon cher; mais quoique j'aie beaucoup de plaisir à te voir, je voudrais bien que la reine-mère ne m'envoyât pas admirer si souvent l'église de Saint-Pierre, car une fois ou l'autre je serai assommé en route. J'ai été attaqué par des brigands sur les terres de sa sainteté. Sans mon cheval, qui était très-bon, je crois que mes dépêches n'auraient pas été remises à monsieur le cardinal. Que le diable emporte la politique et ceux qui s'en occupent !

GUILLAUME.

Veux-tu boire un grand verre de vin pour te remettre de ta frayeur ?

LE COURRIER.

J'accepte ton baume, d'autant plus qu'il est ordinairement de très-bonne qualité.

GUILLAUME.

C'est de la cave du cardinal; je n'en bois pas
d'autres : pas si bête.

LE COURRIER.

Tu as bien raison. Un pauvre serviteur de Dieu
comme lui pourrait donner à boire à toute une
province sans se ruiner (22).

GUILLAUME, après lui avoir versé un verre de vin.

Qu'en dis-tu ?

LE COURRIER.

Je dis que celui qui a inventé le vin est le seul
dieu que nous devrions adorer.

GUILLAUME.

Tout le monde ne pense pas comme toi à Paris?

LE COURRIER.

Hélas ! non. J'ignore ce que nous faisons au Louvre, mais je crains que le diable n'y joue un rôle.

GUILLAUME.

Que disait-on à ton départ?

LE COURRIER.

Tu penses bien, mon cher, que je ne suis pas initié aux mystères de la politique ; je les ai quelquefois dans ma valise, mais cela ne m'apprend rien. Je puis cependant te dire que l'on se regarde de part et d'autre, comme si la bataille allait recommencer de plus belle.

GUILLAUME.

J'ai en tête que l'on trame quelque chose. Les fréquentes audiences que sa sainteté accorde au cardinal... Et le fameux mariage, que devient-il ?

LE COURRIER.

Il devait être célébré à Notre-Dame, peu de jours après mon départ.

GUILLAUME.

Ainsi donc la princesse Marguerite a consenti enfin...?

LE COURRIER.

On prétend que le duc de Guise lui tient toujours au cœur, mais les mariages forcés ont leurs consolations. (Il rit.) Henri de Navarre court de grands risques.

GUILLAUME.

Tais-toi, mauvais plaisant : tu ne changeras donc jamais ?

LE COURRIER.

Non, car j'aimerai toujours le vin, le jeu et les femmes.

GUILLAUME.

Je vois que tu es un homme accompli. (On sonne.) M. le cardinal m'appelle.... Donne-moi tes dépêches; je les lui remettrai.

LE COURRIER.

En mains propres au moins.

GUILLAUME.

En mains propres... Va m'attendre chez ma femme.

SCÈNE XIV.

(Dans le cabinet du cardinal.)

LE CARDINAL DE LORRAINE, GUILLAUME.

LE CARDINAL.

Fais remettre cette lettre à son adresse.

GUILLAUME.

Oui, monsieur le Cardinal. (Il lit, à part.) *Alla signora Lucrecia...* incorrigible.

LE CARDINAL.

Que dis-tu ?

GUILLAUME.

Rien, monsieur le Cardinal.

LE CARDINAL.

Mon vieux Guillaume, tu n'es qu'un sot; mêle-toi de tes affaires, et ne raisonne pas... Quel est le papier que tu tiens à la main ?

GUILLAUME.

Il est à votre adresse. Le courrier qui vient de l'apporter est là.

LE CARDINAL.

Laisse-moi.

SCÈNE XV.

LE CARDINAL.

Une lettre de Médicis ! Voyons si les affaires de M. de Coligni vont bien ou mal. (Il lit.) « Cardinal, « nous touchons au dénouement de la grande tra- « gédie. Le mariage en question sera célébré avant « quinze jours. Cette circonstance les attire tous à « Paris; c'est un soporifique qui nous les livre en- « dormis et désarmés. Le roi cependant n'a pas encore « pris une résolution définitive, mais je gagne tous « les jours du terrain, et j'en viendrai à ma gloire. « A force de l'étourdir de mes maximes politiques, « je parviendrai à lui faire signer l'arrêt de pro-

« scription. Comme ce coup d'état, sans exemple,
« étonnera l'Europe, il faut absolument que le
« saint-siège le sanctifie d'une approbation formelle.
« Vous êtes sur les lieux; cette affaire-là vous re-
« garde. Entre nous soit dit, si Rome n'était pas
« pour nos poignards, nous pourrions bien ne pas
« être en odeur de sainteté après le coup porté.
« Le peuple aura besoin de cet acte apostolique,
« pour se remettre un peu de son étonnement. D'ail-
« leurs les hommes sont si niais, si bêtes, que le
« moyen le plus sûr de s'en faire craindre et même de
« s'en faire estimer, c'est de leur donner des sottises
« pour des raisons. Le *maître* n'a pas encore dit oui,
« mais j'ose vous promettre qu'il le dira bientôt.
« Vous pouvez même vous préparer à chanter un
« *Te Deum*, pour remercier le ciel, de la victoire
« que nous allons remporter. Adieu, cardinal. Soyez
« toujours heureux auprès des dames, mais sans né-
« gliger les choses essentielles. » (Il sonne.)

SCÈNE XVI.

LE CARDINAL DE LORRAINE; GUILLAUME.

LE CARDINAL.

Le courrier est-il encore là ?

GUILLAUME.

Oui, monsieur le Cardinal.

LE CARDINAL.

Je veux lui parler. (Guillaume sort et rentre avec le courrier.)
Je suis content de votre diligence.

LE COURRIER.

Monseigneur...

LE CARDINAL.

Guillaume vous remettra, avec une lettre pour
la reine-mère, mille écus d'or comme preuve de ma
satisfaction.

(Le Cardinal lui fait signe de se retirer.)

LE COURRIER, bas à Guillaume.

Voilà un prince de l'Église dont je fais plus de
cas que des douze apôtres.

GUILLAUME, bas au courrier.

Eh bien! que dis-tu de la politique actuellement?

(Ils sortent.)

SCÈNE XVII.

LE CARDINAL.

Je n'ai pu réussir au concile de Trente à leur
donner l'inquisition, mais ceci me dédommagera.
Ce premier coup porté, la victoire est assurée... Il
est remarquable que nous ayons eu l'art jusqu'à
présent de cacher nos vues ambitieuses sous le

manteau de la religion, et de nous venger de nos
ennemis au nom d'un Dieu qui prescrit le pardon
des injures. Mais aussi gare à nous si l'Europe nous
examine un jour de plus près! il est vrai qu'à cette
époque, encore très-éloignée, je ne serai plus cardinal, et cela me console tout-à-fait de l'avenir qui
ne me paraît pas clair... En attendant le grand jour
du triomphe, allons voir sa Sainteté, et de là, j'irai
présenter mes hommages à la belle Lucrèce dont
j'ai envoyé le mari à Bologne pour affaire impor-
tante... Me voilà absolument comme David, mais
le mari de ma Bethsabée ne périra pas : un cardinal
doit avoir plus de conscience qu'un roi des Juifs (*).

(Il sort.)

SCÈNE XVIII.

(Dans une chambre de Guillaume.)

GUILLAUME, LOUISE, LE COURRIER.

(Ils sont à table.)

GUILLAUME.

Il faut que cette lettre ait fait beaucoup de plaisir au Cardinal.

(*) Si quelques personnes croient que je calomnie ici les
mœurs du cardinal de Lorraine, je les prie de vouloir bien

LOUISE.

Mille écus d'or consolent un peu de la peur que donnent les voleurs de grands chemins.

LE COURRIER.

Oui, quand on a eu le bonheur de les laisser derrière soi les mains vides.

GUILLAUME.

M. le Cardinal n'a jamais été aussi généreux à mon égard, et cependant je lui ai rendu plus d'un service.

LE COURRIER.

Serais-tu jaloux, par hasard, du bonheur qui m'arrive?

GUILLAUME.

Pas du tout, mais si une pareille pierre me tombait sur la tête...

LOUISE.

Tu n'es pas assez soumis.

GUILLAUME.

Je conviens que je me permets quelquefois des réflexions à l'occasion de certaines dames...

---

se rappeler que cet indigne prélat se vantait un jour, en parlant à la duchesse de Savoie, d'avoir couché avec plusieurs dames de haute distinction. *Voyez ma Préface.*

LE COURRIER.

Sottise, mon cher, très-grande sottise.

LOUISE.

C'est ce que je lui dis sans cesse, mais il ne m'écoute pas.

LE COURRIER.

Faire de la morale sur cet article à ton maître, vois-tu, et cependant vouloir lui plaire, c'est aller contre le courant pour arriver plus vite. Et puis ne sais-tu pas, comme dit le proverbe, qu'à laver la tête d'un more on y perd sa lessive? Tu n'y entends rien pour un homme de cour.

GUILLAUME.

Que veux-tu? j'aime mon maître, et je voudrais qu'il ne fît jamais rien de contraire...

LE COURRIER.

Encore une sottise de plus. Aime ton maître pour toi et non pour lui. D'ailleurs un cardinal fait ce qu'il veut, et ce qu'il veut est toujours très-bien. Tu es d'une bonne espèce de t'inquiéter de ce qui ne te regarde pas... Encore un verre de vin, et je vous quitte (Il boit.) pour aller voir une petite Napolitaine qui me console ici dans mon veuvage.

GUILLAUME.

Tu es un grand mauvais sujet.

LE COURRIER.

Voudrais-tu que j'allasse voir ma femme qui est à Paris ?

LOUISE.

Voilà comme ils sont tous.

LE COURRIER.

Une femme à résidence et une femme en route, c'est le moins que puisse avoir un courrier, favori d'un cardinal.

(Il sort; Guillaume et Louise l'accompagnent.)

SCÈNE XIX.

(Au Vatican.)

GRÉGOIRE XIII, assis à côté d'une table sur laquelle il y a un crucifix et plusieurs livres, LE CARDINAL DE LOR-RAINE, UN DOMESTIQUE DU PAPE.

LE DOMESTIQUE.

M. le Cardinal de Lorraine fait demander à Votre Sainteté s'il peut avoir l'honneur de lui présenter ses respects.

GRÉGOIRE.

Oui.

(Le domestique introduit le Cardinal et sort.)

Monsieur le Cardinal, avez-vous quelque chose

de nouveau à m'apprendre? Les hérétiques de France reviendront-ils enfin au giron de l'Église?

LE CARDINAL.

Il est impossible de composer avec eux, mais je crois pouvoir annoncer à Votre Sainteté que nous ne tarderons pas à remporter une victoire complète sur nos ennemis.

GRÉGOIRE.

Gloire à Dieu en toutes choses! (Il baise le crucifix.)

LE CARDINAL.

Mais on attend de vous un service de la plus grande importance.

GRÉGOIRE.

Quel est-il?

LE CARDINAL.

C'est une approbation formelle et publique de tout ce que l'on aura fait dans l'intérêt de la religion.

GRÉGOIRE.

Un pareil engagement pourrait m'entraîner plus loin que ne le permet mon caractère sacré, mais je sais ce que la religion menacée me prescrit de faire pour la sauver des sophismes de l'impiété. Si nous n'étouffons pas l'hérésie au berceau, elle grandira pour le malheur des peuples et des rois; et la vérité éternelle, attaquée de toute part...

LE CARDINAL.

Que Votre Sainteté ne doute pas un instant du triomphe de Rome. Catherine de Médicis et le duc de Guise lui répondent du succès.

GRÉGOIRE.

Je vais vous parler franchement, monsieur le Cardinal. Le Duc, votre neveu, a son père à venger et son ambition à satisfaire; on peut compter sur lui. Mais je ne vous en dirai pas autant de Médicis.

LE CARDINAL.

J'affirme à Votre Sainteté...

GRÉGOIRE.

Écoutez-moi, je vous prie. Après la mémorable bataille de Dreux, que l'on croyait perdue, la reine-mère n'avait-elle pas pris son parti sans murmurer, comme une personne indifférente au culte catholique et au calvinisme (23)? N'a-t-elle pas écrit une lettre à un de mes prédécesseurs, dans laquelle elle parle de la doctrine des protestans en termes peu orthodoxes (24)? N'avait-elle pas promis à Coligni d'embrasser la religion de Genève, s'il voulait contribuer à lui faire obtenir la régence que le Tiers-État avait résolu de donner au Roi de Navarre (25)? Et, quelque temps après, n'a-t-elle pas été sur le point de se déclarer huguenote entre les mains du prince de Condé (26)? Convenez, monsieur le Cardinal, que ce ne sont pas là des garanties bien sûres de son catholicisme. Je doute cependant qu'elle abandonne aujourd'hui le parti de l'Église; mais comme elle n'a jamais écouté que son ambition, elle le trahirait probablement, si cette apostasie convenait à sa grandeur.

LE CARDINAL.

Votre Sainteté veut-elle bien me permettre?...

GRÉGOIRE.

Je ne demande pas mieux que d'être rassuré.

LE CARDINAL.

J'avoue que Catherine de Médicis a presque toujours flotté entre Rome et Genève. Je crois même que, dans le fond de son âme, elle n'est pas plus de notre religion que de celle de Coligni; mais remarquez, je vous prie, qu'elle est trop enchaînée aujourd'hui à notre cause pour songer à reculer. Engagée formellement envers le Saint-Siége et notre famille qu'elle redoute, son seul salut est de marcher sous notre étendard. Que gagnerait-elle en se déclarant pour les Huguenots? Ceux-ci ne croiraient pas à la sincérité de son abjuration, et rien ne pourrait jamais nous rapprocher d'une femme qui nous aurait trahis au moment du combat. Je pense donc que nous pouvons être tranquilles à son égard. Médicis est à nous, parce qu'elle a besoin de nous, parce qu'elle a toujours connu ses intérêts, parce qu'elle veut régner sous le nom de son fils.

GRÉGOIRE.

Ces raisons tiennent beaucoup trop aux choses de la terre, mais que la volonté de Dieu soit accomplie, n'importe par quels moyens... Quant à vous, monsieur le Cardinal, soyez toujours le plus ferme appui des saintes doctrines que l'impiété s'efforce de couvrir d'impostures. Le Tout-Puissant, il faut du moins l'espérer, ne permettra pas que cette fumée, sortie du puits de l'abîme, obscurcisse le soleil de vérité (*). Élevons nos mains vers le ciel comme Moyse, pour faire descendre la colère de l'Éternel sur les enfans d'Amalec.

(Il salue le Cardinal qui se retire.)

SCÈNE XX.

(A Paris, chez le duc de Guise.)

LE DUC DE GUISE, MAUREVEL, un instant après.

GUISE.

Puisque le roi ne veut pas s'armer encore du glaive exterminateur, et que son irrésolution paraît

_____

(*) Expressions tirées de l'*Apocalypse*, chap. IX.

invincible, j'agirai tout seul. L'assassinat de mon père, les circonstances impérieuses où je me trouve, mes hardis projets pour l'avenir, tout me prescrit de détruire les calvinistes et de commencer par Coligni. Lui mort, rien ne sera plus facile... Mais Voici Maurevel. (à Maurevel qui entre.) Je vous ai fait appeler pour vous demander un service important, service qui sera très-bien récompensé.

MAUREVEL.

Vous pouvez disposer de moi, monsieur le Duc. Attaché depuis long-temps à votre illustre maison...

GUISE.

Je sais que vous m'êtes dévoué. Aussi ai-je en vous beaucoup de confiance, surtout depuis que vous nous avez délivré de Mouy. Écoutez-moi. Que pensez-vous des Huguenots ?

MAUREVEL.

Ce que j'en pense ?

GUISE.

Oui, et parlez sans contrainte : ne voyez pas en moi leur ennemi.

MAUREVEL.

Ce sont à mes yeux des factieux qui ne vivent que pour le malheur de la France et de la religion. Depuis que l'Enfer les a vomis parmi nous...

Ah! que ne puis-je les exterminer tous! ils n'infecteraient pas long-temps l'air que nous respirons.

GUISE.

Ces sentimens sont d'un bon Français, d'un bon catholique. Je vois avec plaisir que je ne me suis pas trompé en vous choisissant pour accomplir le grand-œuvre que je médite, œuvre digne de votre courage et de votre foi. Vous êtes fait pour les belles actions, et je vais vous en ouvrir la carrière. Délivrez-moi de mon plus grand ennemi.

MAUREVEL.

Nommez-le; il est mort. Serait-ce le prince de Condé ou le Navarrois?

GUISE.

Non. Mais jurez sur la croix et l'Évangile que vous ne révélerez jamais que c'est par mon ordre...

MAUREVEL.

Je le jure. Son nom?

GUISE.

Coligni.

MAUREVEL.

Je le tiens déja au bout de mon arquebuse. Votre vengeance est juste : le complice de Poltrot mérite de mourir sous vos coups.

GUISE.

Ainsi vous n'êtes pas effrayé du danger?...

MAUREVEL.

Du tout, monsieur le Duc. D'ailleurs la reine-mère jouira plus que vous peut-être de la mort de Coligni. Couvert de sa puissante protection, que voulez-vous qu'on me fasse? Au surplus, je prendrai bien mes mesures. Un bon cheval sera là pour m'éloigner un instant de Paris, si les Huguenots veulent me poursuivre et demander justice. Mais je compte sur vos promesses. Un sang aussi précieux parmi les ennemis de la cour et de la religion...

GUISE.

Je n'attendrai pas que mon triomphe soit assuré, pour vous donner des preuves de ma reconnaissance. (Il lui remet une bourse.) Acceptez cet or, et comptez que la somme sera décuplée après la mort de l'Amiral.

MAUREVEL.

Sa vie est à moi. Adieu, monsieur le Duc. Je ne vous demande que vingt-quatre heures.

SCÈNE XXI.

LE DUC DE GUISE.

Pour un peu d'or! le misérable! j'avais presque envie de rire quand il parlait de religion en se chargeant d'un assassinat, et de le fouler à mes pieds quand il marchandait Coligni. Pourquoi faut-il que mon ambition me force d'avoir recours à des monstres sans grandeur, à des scélérats subalternes?

SCÈNE XXII.

LE DUC DE GUISE, FRÉDERIC DE GONZAGUES, ALBERT DE GONDI, TAVANNES, BUSSY D'AMBOISE.

GUISE.

Je vous remercie, Messieurs, de votre honorable visite; car, après tant de fêtes étourdissantes où j'ai eu le cruel désagrément d'être entouré sans cesse des ennemis de la France et de ma maison, il m'est doux de respirer tranquillement au milieu de vous, au milieu de mes meilleurs amis.

GONZAGUES.

Vous ne vous trompez pas, monsieur le duc, nous sommes vos amis, et votre cause est la nôtre. Mais je crains que le Roi ne nous abandonne.

GONDI.

Quant à moi, je n'en doute pas.

BUSSY.

J'en serais bien désolé; car j'avais résolu de donner à Coligni, pour compagnon de voyage, mon cousin Clermont Rénel (27).

TAVANNES.

Pourquoi cela? cet homme n'est nullement à craindre.

BUSSY.

A craindre ou non, je le hais à la mort. Son nom est écrit sur mes tablettes, et je ne l'effacerai qu'avec un poignard sanglant.

GUISE, à Gondi.

Avez-vous quelque raison particulière de penser que le roi nous trahisse?

GONDI.

Oui, sans doute. Médicis, que je viens de quitter, n'en espère plus rien. Ce prince, autrefois si soumis aux ordres de sa mère, lui résiste aujourd'hui avec une puissance de volonté qu'on ne lui soupçonnait pas. Le massacre des huguenots paraît l'épouvanter. Il hait Coligni, mais il ne peut se résoudre...

TAVANNES.

Eh bien! ayons le courage de faire ce qu'il n'ose point autoriser: le succès nous justifiera. Qu'avons-nous besoin d'attendre éternellement les ordres d'un jeune homme dont l'esprit mobile comme les flots de la mer ne sait prendre aucun parti?

GONZAGUES.

Cette résolution est digne de vous, monsieur le maréchal, mais je ne puis l'approuver. Nous ne de-

vons marcher que sous la bannière du Louvre. La
Reine-mère elle-même nous retirerait sa main protectrice...

G U I S E.

J'en suis convaincu. Entre nous soit dit, messieurs,
Médicis n'a qu'une seule passion; c'est de régner sous
le nom de son fils. Vous la connaissez aussi bien que
moi; elle veut se servir aujourd'hui de nous pour détruire la faction calviniste qu'elle craint; mais elle
nous immolerait demain à son ambition, si nous lui
portions le moindre ombrage. Je crois donc que
la sagesse nous prescrit d'attendre les ordres du Roi,
et de compter un peu sur notre bonne fortune.

T A V A N N E S.

Trop de prudence, monsieur le duc, beaucoup
trop de prudence : Coligni nous échappera.

G U I S E.

Encore quelques jours, je vous prie, pour nous
donner le temps de prendre les mesures nécessaires;
et alors, si le Roi persiste à rejeter les conseils de
sa mère, je me charge d'entraîner celle-ci sans retour
dans notre noble cause, de l'enchaîner à nous par
des preuves irrécusables; enfin, de la compromettre
au point qu'elle ne puisse jamais nous désavouer,
ni nous sacrifier, sans se perdre elle-même. Vous
allez sentir combien il est important pour nous d'agir
ainsi avec elle. Mon oncle le cardinal me dit, dans ses

dernières dépêches, que Médicis ne correspond avec
lui qu'à l'aide d'une main étrangère, et que toutes
ses lettres, écrites de manière à faire croire qu'elles
ne sont ni d'elle, ni même d'une femme, ne prou-
veraient nullement sa complicité, si nous en avions
besoin pour nous laver du grand œuvre que nous
méditons.

GONDI.

Elle ne pourrait jamais nier...

GUISE.

On peut toujours nier ce qu'il est impossible de
prouver.

GONZAGUES.

Cette réserve de Médicis mérite notre attention.

BUSSY.

Je crois que vos soupçons ne sont pas fondés. La
Reine-mère a pu prendre ces précautions par intérêt
même pour nous.

GUISE.

Comment?

BUSSY.

N'était-il pas possible qu'une de ses lettres se perdît
et tombât dans les mains des huguenots?

TAVANNES.

Cela est clair.

GUISE.

J'en conviens ; mais cette lettre n'en eût pas moins

4.

révélé nos projets, puisque Médicis, tout en se ca-
chant sous le voile de l'anonyme, parle toujours ouvertement au Cardinal du massacre des calvinistes.
Au surplus, je n'affirme pas qu'elle ait l'intention de
se ménager des moyens de se sauver, aux yeux de
l'Europe, du reproche de nous avoir secondés; je dis
seulement qu'il faut se défier d'elle, à moins que le
Roi ne se mette franchement à notre tête. Vous
devez vous rappeler, messieurs, à quel prix elle
voulait se défaire de l'Amiral (28). Après une pareille épreuve, il est permis, je pense, de ne pas
croire aveuglément à sa bonne foi, et de sonder le
terrain sur lequel elle a l'air de marcher avec
nous.

BUSSY.

Eh bien! soit : mais malheur à elle si elle nous
abandonne!

GUISE.

Depuis long-temps j'ai pénétré sa politique : nous
sommes un obstacle à son ambition. Elle voudrait
qu'il n'y eût en France ni calvinistes, ni catholiques
puissans : mais, si les calvinistes périssent sous nos
poignards, les Guise resteront debout avec leurs
amis.

SCÈNE XXIII.

LES MÊMES PERSONNAGES, COLIGNI.

COLIGNI.

Je me présente chez vous, monsieur le duc, pour vous parler avec la franchise que vous me connaissez. Mon intention n'est pas de vous offenser, mais... (Aux autres personnages, qui veulent se retirer.) Ne vous éloignez pas, Messieurs; je n'ai rien à dire que vous ne puissiez entendre. (Au Duc.) Quoique le traité de Saint-Germain soit signé depuis deux ans, êtes-vous toujours mon ennemi?

GUISE.

Non, monsieur l'Amiral. Je me respecte trop pour nourrir des idées de guerre après avoir juré la paix, après m'être réconcilié avec vous.

COLIGNI.

On répand cependant des bruits qui compromettent votre honneur et menacent ma sûreté.

TAVANNES, bas à Gonzagues.

Aurait-il appris quelque chose?

GUISE.

Un homme tel que vous devrait mépriser... Mais quels sont ces bruits?

COLIGNI.

Des personnes qui se croient initiées à d'affreux mystères, prétendent que vous avez résolu, avec Catherine de Médicis, de profiter de la confiance que nous inspire le Roi pour nous exterminer au milieu des fêtes de la cour.

(Il regarde le Duc avec beaucoup d'attention.)

TAVANNES avec emportement.

Si je connaissais les misérables calomniateurs qui osent...

GUISE à Tavannes

De la modération, monsieur le Maréchal! Le mépris seul doit faire justice de pareilles imputations. (à Coligni.) Je suis étonné qu'un homme d'honneur comme M. de Coligni ait pu croire un instant à une perfidie si atroce. Seriez-vous capable, Monsieur, de la trahison dont on m'accuse?

COLIGNI.

Je n'ai jamais versé le sang de mes ennemis que sur le champ de bataille : vous le savez.

GUISE.

Eh bien ! sachez aussi que les Guise sont trop fiers, trop ambitieux de gloire, pour assassiner des hommes qu'il pourrait être glorieux de vaincre.

GONZAGUES.

La réponse de monsieur le Duc est la nôtre. Fi-

dèles sujets du Roi, ses amis nous seront toujours
sacrés.

GUISE.

Trop long-temps déchirée par des guerres in-
testines, la France a besoin de cicatriser ses plaies,
et de concentrer ses forces épuisées pour affronter
avec gloire les bandes espagnoles. Toute mon ambition est de contribuer avec vous aux succès qui
nous attendent (29). Pardonnez-moi cette noble
rivalité; c'est la seule que vous ayez à craindre de
ma part.

COLIGNI.

Je ne la redoute pas, monsieur le Duc. Rem-
plissons nos devoirs envers le Roi et la France, et
laissons faire à la fortune.

GUISE.

Bannissez donc des soupçons indignes de vous,
et injurieux à la Reine et à moi.

TAVANNES.

Le crime retombe toujours sur la tête de celui
qui le commet.

GONZAGUES.

Pour des hommes comme nous, monsieur l'Amiral,
la vie n'est rien, l'honneur est tout.

GUISE.

Nous sommes et nous serons amis jusqu'à la mort.
Mais qui vient nous interrompre ?

SCÈNE XXIV.

LES MÊMES PERSONNAGES, UN COURTISAN.

LE COURTISAN.

La Reine-mère m'a chargé, monsieur le Duc, de vous prier de passer au Louvre.

GUISE.

Je vais m'y rendre. (A Coligni.) Vous voulez bien permettre... ?

COLIGNI.

Oui, monsieur.

GUISE.

Je me flatte que je ne vous quitte pas sans vous avoir convaincu de mes sentimens à votre égard. (Aux autres personnages.) Adieu, Messieurs.

(Il salue l'Amiral, qui sort avec lui. Le Courtisan les suit.)

SCÈNE XXV.

FRÉDERIC DE GONZAGUES, ALBERT DE GONDI, TAVANNES, BUSSY D'AMBOISE.

TAVANNES.

Nos desseins commencent à transpirer : il faut absolument en finir avec les huguenots.

GONZAGUES.

Ce gentilhomme est venu prier bien mal à propos
le Duc de se rendre chez Médicis.

BUSSY.

J'ai cru que les soupçons de l'Amiral allaient renaître. Mais il faut avouer que Guise s'en est par-
faitement tiré.

GONZAGUES.

Je le regardais avec attention; il n'a pas changé
de visage un seul instant.

BUSSY.

Sous ce rapport, messieurs, nous ne lui devons
rien.

TAVANNES.

Il ne suffit pas à des défenseurs de la religion de
ne point changer de visage; ils doivent agir. Les
soupçons du duc sur Médicis ne me paraissent nullement raisonnables.

GONZAGUES.

Puisqu'il ne nous demande que quelques jours,
attendons.

TAVANNES.

A force d'attendre, les calvinistes seront instruits
de nos projets, et ils nous recevront les armes à la
main.

GONDI.

Eh bien! allons voir le roi. Nous parviendrons peut-être à lui arracher le glaive qu'il s'obstine à nous refuser.

SCÈNE XXVI.

(A Saint-Germain-l'Auxerrois.)

UN PRÉDICATEUR en chaire, AUDITEURS.

LE PRÉDICATEUR.

In nomine Patris, et Filii, et Spiritûs Sancti.

LES AUDITEURS.

Amen.

LE PRÉDICATEUR.

Mes très-chers frères, j'acheverai aujourd'hui le sermon que ma poitrine affaiblie ne m'a pas permis de terminer hier.

LES AUDITEURS.

Chut! chut!

LE PRÉDICATEUR.

Les huguenots, comme je vous le disais, à qui l'on peut reprocher tous les malheurs de la France, sont des hommes ennemis du saint-siège, des incrédules, des déistes, et peut-être même des athées. Leur impiété a tout bouleversé parmi nous. Si nous

ne les arrêtons pas dans leurs coupables projets,
plus de religion, plus de mœurs, et bientôt plus de
trône; car sans morale point de monarchie, et sans
monarchie point de morale. La religion est la
base de toutes les vertus : témoin le saint empereur
Constantin, le saint empereur Théodose-le-Grand,
le saint empereur Charlemagne, plusieurs papes et
beaucoup d'autres élus du Seigneur, dont la vie est
toujours donnée en exemple au monde. Apprenez,
mes très-chers frères, que l'Église, fille chérie du
Ciel, repose dans le sein de Dieu. A cette hauteur
incommensurable elle est à l'abri des coups mortels
que veulent lui porter les huguenots. Ces démons
à face humaine, animés de l'esprit infernal du rep-
tile impur qui séduisit la femme de notre premier
père, ne parviendront jamais à couvrir d'épaisses
ténèbres la foi de vos ancêtres. La sainte parole de
Dieu, écrite en caractères ineffaçables et dans nos
livres sacrés, et sur la croix toute couverte du sang
de Jésus-Christ, triomphera, n'en doutons pas, de
l'insolence superbe de ces hommes affreux qui osent
approfondir ce qu'il faut croire sans examen. Quel
égarement criminel, mes très-chers frères! Soumettre aux fausses lumières d'une raison pervertie
des mystères impénétrables! Exiler du tabernacle la
victime divine, son sang et ses nobles douleurs!
Juger l'œuvre de Dieu devant qui l'homme doit
s'incliner et mettre le front dans la poussière!

Oui, mes très-chers frères, mort à ces impies.
Dieu les a rejetés de son sein, et l'enfer s'ouvre
pour les engloutir. Ne cessons de maudire des
monstres d'impiété, dignes satellites du démon.
Mais prions tous les jours pour le repos de l'ame de
François de Guise, assassiné lâchement par un infâme huguenot. Prions tous les jours pour son fils,
véritable soutien de l'église... Mais d'où vient ce
bruit ?

PLUSIEURS VOIX, sur l'esplanade du Louvre.

Vive le duc de Guise! vive Médicis!

(Tous les auditeurs sortent en tumulte de l'église, et le prédicateur
descend de la chaire après avoir donné sa bénédiction.)

SCÈNE XXVII.

(Devant le Louvre.)

PEUPLE PARMI LEQUEL IL Y A QUELQUES CALVI-
NISTES, LE DUC DE GUISE ET SA SUITE,
peu de temps après.

UN HOMME DU PEUPLE, à un calviniste.

Pourquoi ne cries-tu pas avec nous, *Vive le duc
de Guise !*

LE CALVINISTE.

Et toi, pourquoi ne cries-tu pas, *Vive Coligni ?*

L'HOMME DU PEUPLE.

Parce que ton Coligni est un impie, un homme sans religion, un scélérat dont je voudrais manger le cœur.

LE CALVINISTE.

Eh bien ! va le lui demander, mais je doute fort qu'il te le donne.

UN AUTRE.

Nous ne lui demanderons pas, camarade, et cependant nous en goûterons.

UN AUTRE.

C'est un huguenot que cet animal-là.

PLUSIEURS.

Un huguenot ! un huguenot ! Où est-il ?

UN AUTRE.

Le voilà.

UN AUTRE.

Retire-toi, ou je t'assomme sur la place.

UN AUTRE, bas au calviniste.

N'irritez pas ces furieux ; allez-vous-en.

LE CALVINISTE.

Je reste. (On lui donne un coup de bâton sur la tête ; il tombe.) Quelle paix, grand Dieu !

(Grand tumulte autour du calviniste. Le duc de Guise arrive à cheval avec sa suite.)

PLUSIEURS.

Vive le duc de Guise ! vive le défenseur de la religion ! vive notre Sauveur !

GUISE.

Qu'est-ce donc, mes amis ? D'où vient ce tumulte?

UN HOMME DU PEUPLE.

Ce n'est rien, monsieur le duc : on assomme un huguenot.

GUISE, d'une voix forte.

Si la victime peut encore être sauvée, je la prends sous ma protection. Qu'on me livre cet homme à l'instant même. (Il s'approche du calviniste qui est blessé.) Quoi! du sang au milieu de la paix !

LE CALVINISTE, au duc de Guise.

Vous voyez comme on profane votre nom. C'est aux cris de vive le duc de Guise que l'on m'assassine.

GUISE.

Faites-moi connaître ceux qui vous ont blessé; ils seront sévèrement punis.

LE CALVINISTE.

Ma religion me défend la vengeance. Je vous demande seulement d'être reconduit chez moi sous escorte.

GUISE, au peuple.

Rougissez de ce que vous venez de faire, et obéissez au roi : voilà tout votre devoir. (A deux hommes de sa suite.) Je vous confie ce malheureux ; reconduisez-le chez lui.

(Le peuple murmure , se disperse, et le duc de Guise entre au Louvre.)

SCÈNE XXVIII.

(Dans l'appartement de Henri de Bourbon.)

HENRI DE BOURBON.

Je ne reviens pas de mon étonnement : D'Alençon a été aussi épouvanté que moi... Mais quelle faiblesse ! C'est sans doute un effet du hasard : ma vue troublée... n'y pensons plus. Cependant deux fois de suite, deux fois les dés sanglans... (30) Serait-ce un avertissement du Ciel ? Sommes-nous menacés de quelque malheur ? Médicis...! Ah ! Médicis! Qui peut répondre d'elle ? Coligni, qui vient ordinairement me voir à cette heure-ci, n'arrive pas. Tout m'inquiète aujourd'hui, tout. D'affreux pressentimens me tourmentent... O ma mère ! tends-moi du haut des cieux ta main protectrice.

SCÈNE XXIX.

HENRI DE BOURBON, COLIGNI.

HENRI DE BOURBON.

Je vous attendais avec impatience, mon cher Coligni. Eh bien, que vous a dit le duc de Guise?

COLIGNI.

Sire, monsieur de Guise...

HENRI DE BOURBON, avec sensibilité.

Appelez-moi votre ami, et laissons là les dénominations d'étiquette pour les jours de cérémonies : je le veux.

COLIGNI.

Ah! que n'êtes-vous mon roi!

HENRI DE BOURBON.

Instruisez-moi donc...

COLIGNI.

Le duc a paru indigné du soupçon qui plane sur sa tête, et il m'a juré qu'il n'avait d'autre désir aujourd'hui que de marcher avec moi contre les Espagnols.

HENRI DE BOURBON.

Le croyez-vous sincère?

COLIGNI.

S'il ne l'est pas, c'est le plus fourbe des hommes, car ses paroles avaient l'accent de la vérité.

HENRI DE BOURBON.

Mon ami, les apparences sont quelquefois trompeuses.

COLIGNI.

Je ne puis me persuader...

HENRI DE BOURBON.

Sans doute, Coligni ne peut croire à une perfidie; mais, dans le siècle où nous sommes et surtout à la cour de Médicis, tout est possible, excepté la vertu... Avez-vous entendu le murmure désapprobateur de la cour quand nous nous sommes retirés à l'évêché pendant la cérémonie du mariage (31)?

COLIGNI.

Oui.

HENRI DE BOURBON.

Ou je me trompe fort, ou ce murmure est l'avant-coureur de quelque complot sinistre qui transpire en dépit même des traîtres qui l'ont tramé.

COLIGNI.

Grand Dieu! que dites-vous?

HENRI DE BOURBON.

Nous sommes entourés d'ennemis, mon cher ami-

5

ral. Ne quittez pas vos armes ; je crois que vous en aurez besoin.

SCÈNE XXX.

HENRI DE BOURBON, COLIGNI, TÉLIGNI.

TÉLIGNI, à Henri de Bourbon.

Sire, permettez-moi de remettre à M. l'amiral ces deux lettres qui arrivent de La Rochelle.

(Il veut se retirer.)

HENRI DE BOURBON.

Restez, monsieur, restez ; vous n'êtes pas de trop. (à l'Amiral.) Lisez ce que l'on vous écrit.

(L'amiral lit ces lettres et ne peut dissimuler son étonnement.)

Vous paraissez surpris ! Que vous apprend-on ?

COLIGNI.

Daignez voir vous-même...

HENRI DE BOURBON, après avoir lu.

Vos amis sont bien inspirés. Oui, il faut vous tenir sur vos gardes (32), car encore une fois, c'est Médicis et Guise qui ont fait la paix.

TÉLIGNI.

Sire, c'est aussi Médicis qui vous a donné sa fille. Je ne croirai jamais à tant de perfidie, que le poignard dans le cœur (33).

HENRI DE BOURBON, à Téligni.

Ce serait y croire beaucoup trop tard. (à Coligni.)
N'écoutez pas ce noble jeune homme, mon ami; sa
générosité lui fait illusion; il ne sait pas de quoi
nos ennemis sont capables.

COLIGNI.

Mais que me conseillez-vous de faire dans cette
horrible incertitude?

HENRI DE BOURBON.

D'imiter Langoiran, de quitter Paris.

COLIGNI.

Abandonner mes compagnons d'armes, mes frères
en religion! jamais. J'aime mieux périr avec eux
que de les abandonner au poignard de Médicis.

HENRI DE BOURBON.

Ah! pardonnez, mon ami; je vous donnais un
conseil indigne de vous. Oui, restez pour votre
gloire, restez pour l'opprobre éternel de vos ennemis, s'ils osent se souiller de votre sang.

SCÈNE XXXI.

LES MÊMES PERSONNAGES, MARGUERITE DE VALOIS, entrant avec précipitation.

HENRI DE BOURBON, à Marguerite.

J'allais passer chez vous, Madame. Mais d'où vient cette émotion?

MARGUERITE.

Ah! Sire, on assassine en ce moment un hugue-not sur l'esplanade du Louvre. Le tumulte est au comble.

HENRI DE BOURBON, à Téligni.

Vous entendez, monsieur de Téligni.

TÉLIGNI.

Oui, Sire, et je sais mon devoir.

(Il sort en mettant la main sur la garde de son épée.)

MARGUERITE.

Il va se perdre.

HENRI DE BOURBON.

Mon ami, votre gendre est digne de vous; c'est le plus bel éloge qu'on puisse en faire. Mais quel parti allez-vous prendre? Vous voyez que le duc de Guise vous trompe, et que ses créatures commen-cent déjà à essayer leurs poignards.

MARGUERITE.

Guise est incapable d'une lâcheté. Trop grand, trop généreux pour oublier ce qu'il se doit à lui-même, ce qu'il doit à ses nobles ancêtres, il a fait la paix et la maintiendra. On peut abuser de son nom, mais il est innocent des crimes et des vues ambitieuses dont on l'accuse.

HENRI DE BOURBON.

Madame, vos préventions ne nous fascineront pas les yeux sur le bord de l'abîme. Les Calvinistes, endormis trop long-temps à l'ombre des ailes du mauvais génie qui gouverne au Louvre, seront réveillés par un coup de tonnerre : mes pressentimens ne m'ont jamais trompé... Daignez rentrer dans vos appartemens, Madame; je vais vous suivre. (Marguerite se retire.) Et vous, mon cher Coligni, allez voir le Roi : nous n'avons pas un moment à perdre. Tâchez de lire dans son âme. Trop jeune encore pour envelopper ses desseins d'une dissimulation profonde, il échappera difficilement à votre coup-d'œil. Vous découvrirez, je n'en doute pas, si Médicis et les Guise ont fait germer en lui des semences dignes d'eux... (Avec émotion.) Embrassez-moi, mon ami : c'est peut-être pour la dernière fois.

COLIGNI.

Repoussez ces idées sinistres qui me déchirent le cœur.

(Ils s'embrassent et sortent ensemble.)

SCÈNE XXXII.

(Au Louvre.)

CATHERINE DE MÉDICIS, LE DUC DE GUISE.

CATHERINE DE MÉDICIS.

Cet événement sera sans conséquence. Il suffit que vous ayez pris la défense du huguenot, pour que Coligni n'ait aucun soupçon de nos projets.

GUISE.

Je suis arrivé à temps, car le peuple était furieux,

CATHERINE DE MÉDICIS.

Tant mieux, Monsieur le Duc, tant mieux : les bras ne nous manqueront pas quand nous en aurons besoin. Mais Dieu sait si nous ne serons pas forcés de recommencer la guerre ouvertement.

GUISE.

Quel obstacle pourrait s'élever ?...

CATHERINE DE MÉDICIS.

Le Roi est toujours incertain ; il veut et ne veut pas dans le même quart-d'heure. Il résiste même à la jolie fille d'honneur que vous connaissez, car enfin il ne faut négliger aucun moyen (34) : l'essentiel est de réussir, peu importe comment. J'avoue cependant que mes ressources sont épuisées. Si vous n'en trouvez pas qui puissent nous tirer de cet état d'anxiété...

GUISE.

Il en est une, Madame : ce serait de prendre sur nous cette journée sanglante, et de réveiller un matin le roi aux cris des protestans massacrés.

CATHERINE DE MÉDICIS.

J'y avais déja songé, mais alors l'intérêt même de notre cause ne me permettrait pas de prendre une part active, du moins en apparence...

GUISE.

Nous n'agirons pas sans vous, Madame; il faut que je puisse vous apporter triomphant la tête de Coligni, ou nous n'obtiendrons rien de ses ennemis. Votre Majesté doit sentir que les Gonzagues, les Tavannes, les d'Angoulême et même le duc d'Anjou, ne se détermineront à rompre la paix d'une manière aussi terrible, que sous l'égide d'une autorité inviolable et sacrée.

CATHERINE DE MÉDICIS.

Mes sentimens ne vous sont-ils pas connus?

GUISE.

Madame...

CATHERINE DE MÉDICIS.

Cette défiance est un outrage.

GUISE.

Nous nous connaissons, Madame; ne cherchons pas inutilement à nous tromper.

CATHERINE DE MÉDICIS.

Vous me manquez de respect, Monsieur le Duc.

GUISE.

Ce n'est nullement mon intention; je prie Votre Majesté de le croire : mais on ne se jette pas dans une affaire de cette importance sans avoir un chef dont le pouvoir vous réponde des suites, quelque dangereuses qu'elles puissent être.

CATHERINE DE MÉDICIS.

Votre timidité m'étonne, Monsieur, et n'est pas naturelle. Écoutez-moi, je vous prie. Ou le roi approuvera tout, et alors vous aurez acquis de nouveaux titres à sa bienveillance; ou il désavouera par faiblesse le massacre des calvinistes. Dans cette dernière supposition, ne vaut-il pas mieux que je puisse nier ma complicité, pour donner plus de poids à tout ce que je pourrai dire en votre faveur? Je prends l'engagement de vous justifier vous et vos amis.

GUISE.

Nous sommes ici, Madame, sur un terrain bien glissant... Le respect que je vous dois ne me permet pas de vous répondre en conscience.

CATHERINE DE MÉDICIS.

Je vous pénètre, Monsieur le Duc. Vous voulez m'enchaîner à votre char de triomphe après la victoire, et fortifier votre parti de toute mon autorité sur mon fils; non pour le faire descendre du trône, mais pour le gouverner avec votre oncle le Cardinal.

GUISE, avec beaucoup de calme.

Si nous nous divisons, Madame, nous avons tout à craindre. Les Calvinistes auront le temps d'apprendre de quelle manière nous voulions rompre la paix avec eux, et vous n'échapperez pas plus que nous au danger qui peut résulter d'une pareille découverte. Croyez-moi, restons unis. Je ne puis rien sans vous, il est vrai, mais aussi vous ne pouvez rien sans moi. Puisque vous craignez de vous compromettre en vous mettant à notre tête sans l'aveu du roi, nous attendrons, pour agir, que vous ayez entraîné dans nos rangs votre auguste fils. Adieu, Madame.

SCÈNE XXXIII.

CATHERINE DE MÉDICIS.

Non, monsieur de Guise, non, Médicis ne ploiera pas la tête sous votre joug : je resterai toujours maîtresse des ambitieux dont ma politique aura be-

soin. Si je pouvais balancer aujourd'hui entre les
Guise et les princes, s'il m'était possible de détruire
le passé, de revenir sur mes pas... Mais ne préci-
pitons rien. Le roi se décidera peut-être à signer l'arrêt de proscription, et alors malheur à M. de Guise
s'il ose oublier que je suis Médicis et que mon fils
est sur le trône...! J'attends la nuit avec impatience
pour examiner le ciel. Si Vénus est aussi brillante
aujourd'hui qu'elle l'était hier, et Mars aussi sanglant, j'en augurerai bien. Gauric, dont le coup
d'œil plongeait dans l'avenir, m'a si souvent annoncé des évènemens qui sont arrivés long-temps
après, que cette science ne peut être une chimère.
Relisons, en attendant le coucher du soleil, quelques pages des excellens livres qui me dirigent avec
plus de certitude dans mes observations.

(Elle entre dans un cabinet.)

SCÈNE XXXIV.

(Au Louvre, dans une antichambre.)

FRÉDERIC DE GONZAGUES, TAVANNES,
ALBERT DE GONDI, BUSSY D'AMBOISE,
UN HUISSIER DE CABINET.

TAVANNES.

Nous désirons d'avoir l'honneur de présenter nos
respects à sa majesté.

L'HUISSIER.

Le roi est avec M. de Coligni, et j'ai l'ordre de ne laisser entrer personne.

GONDI.

Eh bien, nous attendrons que M. l'amiral soit sorti.

TAVANNES.

Il ne serait pas agréable cependant d'attendre ici pendant deux heures peut-être.

BUSSY.

Allons-nous-en, Messieurs ; nous reviendrons.

(Ils sortent tous.)

SCÈNE XXXV.

(Sur l'escalier du Louvre.)

LES MÊMES PERSONNAGES, EXCEPTÉ L'HUISSIER.
(A voix basse.)

TAVANNES, en descendant.

Je commence à craindre que l'amiral n'endoctrine complètement le roi avec ses projets de guerre contre l'Espagne.

GONDI.

Nul doute que c'est pour lui parler de tout cela qu'il obtient si souvent des audiences particulières.

BUSSY.

Si nous l'avions envoyé tantôt dans l'autre monde,
au lieu de lui faire des protestations d'amitié...

GONZAGUES.

Retirons-nous, Messieurs : ce lieu n'est pas sûr.

SCÈNE XXXVI.

(Dans le cabinet du roi.)

CHARLES IX, COLIGNI. (Le roi est assis.)

COLIGNI.

J'abuse peut-être des momens précieux de Votre
Majesté.

CHARLES.

Non, Monsieur : continuez.

COLIGNI.

Je suis si convaincu que le seul moyen pour éteindre à jamais nos dissensions civiles est d'offrir aux
Français des combats glorieux contre l'étranger,
que je paierais de mon sang la déclaration de guerre
à l'Espagne.

CHARLES.

Je ne doute ni de votre zèle pour votre roi, ni
de votre amour pour la France.

COLIGNI.

Philippe a toujours été notre plus grand ennemi. C'est lui qui, non content d'être le farouche oppresseur de ses sujets, cherche encore à rallumer dans vos états les feux de la guerre civile ; c'est lui qui déshonore la religion de Votre Majesté, en prenant sa défense au milieu des bûchers d'un tribunal exécrable dont les arrêts sanglans sont l'opprobre de la chrétienté ; c'est lui qui a été le moteur perfide de tous les troubles de la France, depuis le commencement du règne de votre malheureux frère ; c'est lui enfin qui a livré son fils au sombre fanatisme de quelques prêtres sacriléges... Et le sang de votre noble sœur, le sang de la vertueuse Isabelle ne demande-t-il pas vengeance ? Cette princesse ne crie-t-elle pas du haut des cieux de consoler sa tombe en la couvrant de lauriers français ? Son ombre indignée marchera devant nous jusqu'au palais de l'assassin. (Il se jette aux pieds du roi.) Ah ! Sire, laissez-moi chercher une autre Cérisolles, et que la honte de Pavie soit effacée sous les murs de Madrid.

CHARLES, qui le relève.

Votre noble enthousiasme, Monsieur, est d'un Français ami de son roi, d'un Français ami de son pays. Je compte et compterai toujours sur votre fidélité et sur vos talens. Mais on ne peut se dissi-

muler que la guerre contre l'Espagne offre, dans
ce moment-ci, beaucoup d'obstacles difficiles à
surmonter.

COLIGNI.

Que Votre Majesté la veuille fortement, et toutes
les difficultés s'aplaniront.

CHARLES.

Pensez-vous que nous puissions résister aux forces
réunies de l'Espagne et de l'Empire ?

COLIGNI.

Sire, depuis l'abdication de Charles-Quint, les
deux couronnes ne sont plus confondues. Des
intérêts différens, le caractère même des princes
qui gouvernent ces contrées, le luthéranisme triomphant en Allemagne, tout nous répond que Philippe
n'aura pour lui que les bandes espagnoles et la cour
de Rome. Mais un roi de France, un petit-fils de
Louis XII, le noble descendant de tant de princes
qui ont légué au trône le soin de les venger de
l'ambition criminelle des pontifes romains, serait-il
arrêté par un pouvoir que bientôt il suffira de mépriser pour n'en avoir rien à craindre ? Saint-Louis
lui-même, victime des préjugés de son siècle, et
qui poussa trop loin pour sa gloire le zèle de la
religion, résista au saint-siège avec une fermeté dont
Votre Majesté est digne de donner un nouvel exemple. Respectons le souverain pontife dans tout ce

qui concerne la religion que professe le plus grand
nombre de vos sujets; mais s'il veut descendre de
cette hauteur apostolique, pour ensanglanter sa
tiare sur nos champs de bataille et couvrir de son
égide le plus grand ennemi de la France, méprisons
sa politique et son ambition. Un prêtre, quel qu'il
soit, est dégradé de son caractère sacré, dès qu'il
oublie que sa mission sur la terre n'est pas de diviser
les hommes, mais de les réunir dans le respect qu'ils
doivent aux princes qui les gouvernent, dans l'amour
de Dieu et la charité du prochain. Sire, les progrès
de l'esprit humain, aussi avantageux aux rois éclai-
rés sur leurs vrais intérêts qu'aux peuples que l'on
n'a pas le droit d'opprimer, et qui sont toujours
soumis quand on les gouverne selon les besoins de
l'époque; les progrès de l'esprit humain seront désormais une barrière insurmontable qui mettra le
trône à l'abri des attentats de l'autel. Tout nous
annonce une ère nouvelle. Encore quelques années,
et les foudres du Vatican s'éteindront dans le Tibre.
Que Votre Majesté, s'élevant à la hauteur du
siècle, s'entoure de tous ses sujets, quelles que
soient leurs opinions religieuses; qu'elle recherche
surtout l'alliance de l'Angleterre et des princes lu-
thériens d'Allemagne, pour attaquer avec plus de
succès encore le monarque espagnol, et mutiler ce
colosse oppresseur qui menace l'indépendance de
l'Europe. Nous pouvons commencer ce grand œuvre

en protégeant les Hollandais dans leur lutte honorable contre le despotisme du cabinet de Madrid;
car tout nous prescrit de les empêcher de se jeter
dans les bras de la reine Élisabeth. Ah! Sire, laissez-nous purifier dans le sang espagnol nos mains
encore souillées de sang français. Les champs de
Dreux, de Jarnac, de Moncontour, ne rappellent
que de honteux lauriers, de déplorables victoires.
La guerre déclarée, abjurant, tous, les divisions
fatales qui nous ont armés si long-temps les uns
contre les autres, nous ne formerons plus qu'un seul
parti, celui de la France; nous n'aurons plus qu'un
seul désir, celui de combattre pour la patrie, pour
l'indépendance du trône et la gloire de Votre
Majesté.

CHARLES, se levant.

Je vous remercie, Monsieur de Coligni, des conseils que vous me donnez avec tant de zèle et de
franchise. J'examinerai profondément ces hautes
questions d'état. Venez me voir souvent : mon cabinet vous sera toujours ouvert.

COLIGNI.

Comment pourrai-je jamais m'acquitter envers
votre Majesté de la confiance dont elle m'honore?
Oui, j'en ai le doux pressentiment : la France,
heureuse et triomphante, vous devra son bonheur
et sa gloire.

SCÈNE XXXVII.

CHARLES IX seul.

Ce n'est pas un homme perfide, j'en suis con-vaincu : le crime et la trahison n'ont jamais eu cet accent de vérité. Il est bien moins redoutable que les Guise..... Toujours craindre, toujours soup-çonner... Ah ! que la couronne me pèse ! Pourquoi Dieu m'a-t-il condamné au trône...? Le dernier de mes sujets est plus heureux que moi... Tâchons de nous distraire. Il sort de son cabinet.

SCÈNE XXXVIII.

(Dans une rue.)

LE DUC DE GUISE, LE VIDAME DE CHAR-TRES (*), DEUX OUVRIERS.

PREMIER OUVRIER.

Connais-tu ce grand seigneur qui passe ?

(*) Un vidame était celui qui tenait des terres d'un évê-ché, à condition de défendre le temporel de l'évêque, et d'en commander les troupes. *Voy. le Dictionnaire de l'Aca-démie française.*

SECOND OUVRIER.

Oui : c'est le duc de Guise.

PREMIER OUVRIER.

Le fils de celui qui a été tué à Orléans ?

SECOND OUVRIER.

Lui-même.

PREMIER OUVRIER.

Qu'il a l'air fier !

SECOND OUVRIER.

Parbleu, un favori de la reine ! cela n'est pas étonnant.

PREMIER OUVRIER.

A propos, te rappelles-tu ce que nous disait hier une femme des halles ?

SECOND OUVRIER.

Sans doute.

PREMIER OUVRIER.

Qu'il y aurait plus de sang que de vin répandu dans cette noce (35).

SECOND OUVRIER.

Je n'ai pas compris ce que cela voulait dire.

LE VIDAME, qui vient d'entendre, en passant, ces dernières paroles.

Je le comprends, moi ! Il continue son chemin.

SECOND OUVRIER.

Tant mieux pour vous, mais passez votre chemin et laissez-nous travailler.

PREMIER OUVRIER.

Voyez donc ce beau monsieur qui se mêle de notre conversation sans qu'on l'en prie!

LE VIDAME, en abordant le duc de Guise.

Bonjour, Monsieur le Duc. Comment vous portez-vous?

PREMIER OUVRIER.

Ah! ils se connaissent.

GUISE.

Très-bien, Monsieur, et vous?

LE VIDAME.

A ravir.

GUISE.

Vous êtes-vous amusé aux fêtes de la cour?

LE VIDAME.

Oui, quoiqu'il y manquât quelque chose.

GUISE.

Quoi donc?

LE VIDAME.

De la bonne foi dans les caresses, de la sincérité dans les sourires (36). Cependant on n'y a pas répandu plus de sang que de vin, mais tout n'est pas

6.

encore fini : on peut espérer que la fable deviendra de l'histoire.

GUISE.

Je ne vois pas où vous voulez en venir.

LE VIDAME.

Les noces de Pirithoüs et d'Hippodamie, suivies du combat des Centaures et des Lapithes... Vous ne me comprenez pas, Monsieur le duc.

GUISE.

Sur mon honneur, je n'entends rien...

LE VIDAME.

Sur votre honneur...! Permettez-moi de vous quitter pour ne pas vous manquer de respect.

Il s'éloigne.

GUISE, en lui-même.

L'insolent...! Il faut que cette race-là soit exterminée; mais nous n'avons pas de temps à perdre, car les bruits qui circulent...

SCÈNE XXXIX.

(Dans la rue des Fossés-St-Germain (*).

COLIGNI, ACCOMPAGNÉ DE QUELQUES GARDES,
MAUREVEL, à une fenêtre d'un premier étage.

MAUREVEL.

Il ne tardera pas à paraître, car je l'ai vu sortir
du Louvre, et il a pris le chemin de la rue Bétisi...
Ah! je le tiens; le voilà.

COLIGNI.

Relisons ces lettres de la Rochelle. Il s'arrête un moment.

MAUREVEL.

Encore trop loin... Ne le manquons pas, car ma
fortune en dépend.

COLIGNI, Il marche lentement.

Je ne puis que louer leur zèle, mais ils s'alarment
inutilement. Le roi n'est pas capable d'autoriser un
crime...

Il est abordé par Marsillac, comte de La Rochefoucauld, avec qui il
s'entretient un moment.

(*) Je prends la liberté de rappeler aux lecteurs inatten-
tifs que Coligni vient de quitter le roi, et que, dans la scène
précédente, le duc de Guise venait de quitter la reine-mère.
Ainsi ces deux scènes dans la rue sont une suite nécessaire
de ce qui précède.

MAUREVEL.

Il n'arrivera pas.

COLIGNI.

Oui, monsieur le comte, je suis assez content. Sa majesté m'a donné aujourd'hui de nouvelles preuves de l'estime dont elle m'honore. Espérons que tout ira bien. Il salue Marsillac qui s'éloigne.

MAUREVEL.

Enfin il va passer devant moi... Arrivez donc, mon cher Amiral.

(Il tire son arquebuse. Coligni tombe blessé au bras et à la main.)

COLIGNI.

Voilà le fruit de ma réconciliation avec le duc de Guise (37).

(A plusieurs personnes que sa chute et le bruit de l'arme à feu ont rassemblées autour de lui.)

Du secours, mes amis, du secours, je suis assassiné.

MAUREVEL.

Dieu! il n'est pas mort... Vite à mon cheval... sauvons - nous par la porte de derrière... ils ne m'attraperont pas.

SCÈNE XL.

COLIGNI, marchant péniblement et soutenu par deux hommes,
UN VIEUX PRÊTRE, PEUPLE.

COLIGNI.

Le coup est parti de cette maison.

Les gardes en enfoncent la porte, et cherchent l'assassin qu'ils ne
trouvent pas.

(Aux hommes qui le soutiennent.) Dieu vous récompensera
de votre humanité.

PREMIER HOMME.

L'assassin sera puni, Monsieur ; soyez tranquille.

COLIGNI.

Hélas ! je ne demande pas sa mort... je n'ai jamais voulu que le bonheur de la France.

SECOND HOMME.

Souffrez-vous beaucoup ?

COLIGNI.

Bien plus au cœur qu'à la main.

UN VIEUX PRÊTRE, dans la foule.

Mes amis, ce fatal évènement nous annonce de
grands malheurs.

UN HOMME DU PEUPLE.

Tout cela finira mal.

UN AUTRE.

Moi, je suis sans pitié pour les huguenots.

LE VIEUX PRÊTRE.

Vous avez donc oublié que Jésus, sur la croix, priait pour ses bourreaux ?

LE MÊME HOMME.

Je ne suis pas Jésus, moi! je suis catholique.

LE VIEUX PRÊTRE.

Non, vous ne l'êtes pas, vous proférez un blasphême... ou vous ne l'êtes qu'à la manière de ceux qui foulent aux pieds l'Évangile.

LE MÊME HOMME.

Si je ne respectais pas ta vieille tonsure...

UN AUTRE, au dernier.

Laisse là ce radoteur, et allons-nous-en.

COLIGNI, arrivé à la porte de sa maison, rue Bétisi.

Je vous remercie de vos attentions, Messieurs : Dieu fera le reste.

Il rentre chez lui, et la foule se disperse.

UN HOMME DU PEUPLE.

Quand le roi apprendra ce qui vient de se passer...

UN AUTRE.

Le roi le sait déja peut-être, car il est au jeu de paume ; il a pu entendre le coup (38).

LE PREMIER HOMME.

Voilà de belles fêtes !

L'AUTRE.

C'est que nos Italiens s'en sont mêlés... Adieu, camarade.

LE PREMIER HOMME.

Adieu.

SCÈNE XLI.

(Au Louvre.)

CATHERINE DE MÉDICIS, BIRAGUE,
arrivant avec précipitation.

BIRAGUE.

On vient d'assassiner l'amiral.

CATHERINE DE MÉDICIS.

Que le ciel en soit béni ! c'est un coup de fortune.

BIRAGUE.

Au contraire, Madame, c'est un très-grand malheur, puisque l'amiral n'est pas mort. Les calvinistes, sortis de leur léthargie, vont reprendre les armes et remettre en question ce qui paraissait décidé. Nous ne pourrons jamais...

CATHERINE DE MÉDICIS.

Vous êtes embarrassé pour fort peu de chose,

monsieur le garde des sceaux. Où vous voyez un
obstacle, moi, je vois un moyen. Mais j'entends le
roi : retirez-vous.

SCÈNE XLII.

CHARLES IX, CATHERINE DE MÉDICIS, LE DUC D'ANJOU, LE DUC DE GUISE.

CHARLES.

Vous savez, Madame, que M. de Coligni vient
d'être grièvement blessé.

CATHERINE DE MÉDICIS.

Oui, Sire. Le ciel, indigné de votre irrésolution dans une cause qui est la sienne et celle de
tous les rois, a marqué la place où votre bras devait frapper. Sachez profiter de cet avertissement
salutaire, et tirez-nous enfin de l'état d'anxiété où
nous sommes depuis trop long-temps.

CHARLES.

Est-ce par votre ordre...?

CATHERINE DE MÉDICIS.

Non, Sire.

GUISE.

Nous n'aurions pas osé prendre sur nous...

LE DUC D'ANJOU.

Peu importe d'où le coup est parti. Mais Coligni n'est pas tué, et par conséquent il faut détruire en lui les soupçons qui vont naître nécessairement.

CATHERINE DE MÉDICIS.

Oui, tournons à notre avantage un événement qui pourrait révéler nos projets. Que le Roi se rende à l'instant même chez l'Amiral, pour le rassurer de plus en plus contre ce qui vient de se passer. Un rebelle à son Dieu, un rebelle à son prince, mérite tous les piéges qu'on peut lui tendre. Avez-vous oublié que, complice de Simon Le Mai et de Poltrot... (39).

GUISE.

Il a assassiné mon père, il a attenté aux jours de Votre Majesté, et nous balancerions de verser son sang, d'accomplir la volonté du ciel !

CHARLES.

Madame, et vous aussi, Messieurs, accompagnez-moi chez l'Amiral (40) ; mais je ne m'engage à rien.

(Ils sortent tous.)

SCÈNE XLIII.

COLIGNI, au lit, LE VIDAME DE CHARTRES, TÉLIGNI, AMBROISE PARÉ, chirurgien.

COLIGNI.

Je m'estime bien heureux d'avoir été blessé pour le nom de Jésus (41).

PARÉ, à Coligni, qu'il vient de panser.

Vos blessures ne sont pas mortelles : je suis tout-à-fait rassuré sur votre état.

COLIGNI.

Plût à Dieu qu'elles le fussent !

LE VIDAME.

Tout cela est fort bien, mais on lui en fera d'autres. « Si ces noces se font à Paris, disait M. de « Rosny, les livrées en seront vermeilles (42). »

PARÉ.

Vous avez tort d'inquiéter monsieur l'Amiral ; il a besoin de tranquillité. (A Coligni) Croyez que le malheur qui vous est arrivé n'est nullement...

LE VIDAME.

De quelle religion êtes-vous, Monsieur ?

PARE.

La question est singulière : je suis honnête homme,
et l'Évangile est ma règle.

LE VIDAME.

Livre beaucoup plus cité qu'il n'est lu.

TÉLIGNI.

Et presque jamais suivi.

PARÉ.

Tant pis, Messieurs, pour ceux qui ne le suivent pas.
(Il s'approche de Coligni.) Comment vous sentez-vous?

COLIGNI.

Je souffre beaucoup.

PARÉ.

La nuit calmera vos douleurs; vous vous trou-
verez mieux demain.

COLIGNI.

Ne me négligez pas, je vous prie.

PARÉ.

A huit heures du matin, je serai chez vous.

TÉLIGNI.

Nous comptons sur votre exactitude.

SCÈNE XLIV.

LES MÊMES PERSONNAGES, excepté le chirurgien.

LE VIDAME.

Je suppose que votre intention n'est pas de laisser ici jusqu'à demain monsieur l'Amiral.

TÉLIGNI.

Où voudriez-vous donc qu'il allât pour être mieux que chez lui ?

LE VIDAME.

Loin du roi, de Médicis et des Guise.

COLIGNI.

Je vous abandonne le duc de Guise, et peut-être même la reine-mère ; mais quant au roi, je n'en ai rien à craindre.

LE VIDAME.

Et moi, je suis convaincu que vos blessures sont le signal d'une épouvantable catastrophe.

TÉLIGNI avec chaleur.

Vous voyez trop en noir. Il est impossible qu'après les derniers bienfaits dont la cour a honoré mon beau-père...

LE VIDAME.

Ne nous échauffons pas, monsieur ; raisonnons

froidement , car les circonstances sont critiques.
S'il est ridicule de redouter aujourd'hui le parti
des Guise, qui est celui du roi, expliquez-nous, je
vous prie, pourquoi un président (que je ne veux
pas nommer) vient de conseiller à un huguenot de
se retirer à la campagne? Pourquoi l'évêque de
Valence, avant son départ pour la Pologne, a dit
à Marsillac d'aller en pays étranger, lui et ses
amis (43)?

COLIGNI.

Tant que le Roi se placera entre nous et nos
ennemis, je ne lui ferai pas l'outrage de le fuir.

TÉLIGNI.

Ce serait une indignité.

LE VIDAME.

Je souhaite, mon cher amiral, que votre confiance
ne soit pas trompée. Remarquez cependant que le
Roi, sur lequel vous comptez avec tant d'assurance,
est un homme qui surpasse Tibère en dissimulation, et qui égalera peut-être Néron en cruauté.
Montgoméri vous dira, qu'étant un jour à la chasse
avec sa majesté, il lui a entendu dire : *Faites passer
tous ces animaux devant moi, afin que j'aie le
plaisir de les tuer tous* (44). Ce sont là de ces
mots qui révèlent le fond de l'ame.

TÉLIGNI.

Le fait est possible, mais...

LE VIDAME.

Comment, possible! Il est certain.

TÉLIGNI.

Soit : mais, encore une fois, cela ne prouve pas
que le Roi veuille nous faire assassiner.

LE VIDAME.

Le bandeau tombera de vos yeux quand il ne sera
plus temps d'y voir clair.

COLIGNI.

J'entends du bruit dans la rue. Téligni, regardez
ce que c'est. (Téligni va à la fenêtre et revient.) Eh bien?

TÉLIGNI.

C'est le Roi, la Reine-Mère, le Duc d'Anjou et
M. de Guise qui s'arrêtent à votre porte.

LE VIDAME.

Voilà une visite dont je ne serais pas très-flatté,
si j'avais l'honneur d'être M. de Coligni. Ne respirez
pas avec trop de confiance ce bouquet empoisonné.

TÉLIGNI.

Il n'y a de poison ici que dans votre imagination...
Retirons-nous.

SCÈNE XLV.

CHARLES IX, CATHERINE DE MÉDICIS, LE DUC D'ANJOU, LE DUC DE GUISE, COLIGNI au lit.

CHARLES, avec le ton le plus affectueux.

Vous avez reçu la blessure, mon père, mais c'est moi qui l'ai sentie (45). (Il s'assied.)

COLIGNI.

Sire, la bienveillance dont Votre Majesté m'honore adoucit mes douleurs.

CATHERINE DE MÉDICIS assise.

Ne doutez pas, monsieur, de tout l'intérêt que vous m'inspirez : ce fatal événement m'afflige beau-coup.

COLIGNI.

Hélas! madame, nous vivons malheureusement à une époque où personne ne peut répondre de sa vie.

LE DUC D'ANJOU.

Pourriez-vous reconnaître la maison d'où le coup d'arquebuse est parti?

COLIGNI.

Oui, monsieur le Duc (46).

7

LE DUC D'ANJOU.

Ce sera peut-être un moyen de savoir...

COLIGNI.

L'assassin est connu.

CHARLES.

Nommez-le.

COLIGNI.

M. de Guise en sait peut-être autant que moi à cet égard.

CHARLES, à Guise.

Vous vous taisez, monsieur.

GUISE!

Sire, je suis trop fier pour répondre à une calomnie qui ne peut pas m'atteindre.

CATHERINE DE MÉDICIS.

M. de Coligni a des amis qui, par excès de zèle, lui inspirent des soupçons qu'il devrait repousser. Nous ne jouirons jamais de la paix, si nous nous croyons toujours ennemis.

GUISE, à Coligni.

Vous ne croyez pas, monsieur, ce que vous venez de dire, car vous me devez au moins votre estime. Je me suis montré à vous tel que je suis la dernière fois que j'ai eu l'honneur de vous recevoir chez moi, et je vous renouvelle encore...

COLIGNI.

Que Dieu vous entende, et nous juge...! (Au Roi.)
Votre Majesté a-t-elle daigné réfléchir sur le sujet
de la conversation que j'ai eue avec elle?

CHARLES.

Oui, monsieur.

COLIGNI.

Je me flatte qu'en y pensant plus mûrement encore, vous serez persuadé que mes projets ne peu-
vent avoir d'autres résultats que le bonheur de la
France.

CATHERINE DE MÉDICIS.

Il n'appartient qu'à M. de Coligni d'être encore
tout entier à son roi et à sa patrie, quand de cruelles
douleurs devraient lui faire oublier...

COLIGNI.

Rien, Madame, ne peut me distraire de mes devoirs de sujet fidèle et de bon Français.

CHARLES.

Votre dévouement me touche, monsieur; mais
attendons que vous soyez guéri, pour nous entretenir de matières sérieuses : je ne veux pas vous fati-
guer. (Il se lève.)

COLIGNI.

Sire, accordez-moi encore un moment. (Le Roi se
rassied.) Je n'ignore pas que si j'ai le malheur de

7.

mourir de mes blessures, on me calomniera auprès de Votre Majesté. Cependant Dieu, devant qui je suis prêt à comparaître, m'est témoin que je vous ai toujours été fidèle, et que jamais je n'ai eu d'autre désir que le salut de ma patrie, et la grandeur de votre royaume. Ce n'est pas moi qui ai suscité les troubles de la France. Que votre édit de pacification soit réellement respecté, et la paix ne sera plus troublée. N'accordez dorénavant toute votre confiance qu'aux personnes dont vous ne pourrez nullement suspecter la fidélité; car je vous affirme, sur mon honneur, qu'on ne dit rien dans votre conseil qui ne soit rapporté au duc d'Albe, à ce ministre cruel et perfide qui, au mépris des lois de la guerre, se conduit aujourd'hui avec tant d'inhumanité envers les trois cents gentilshommes français qu'il a pris sur le champ de bataille (47). Je n'ose vous parler ni de mes desseins sur l'Amérique, ni de mes établissemens au Canada (48); mais Votre Majesté sentira un jour combien il est important, pour la balance du commerce de son royaume, que la France jette aussi des racines de prospérité et de grandeur dans le nouveau monde.

CHARLES, se levant.

Je recueille avec avidité, Monsieur, tout ce que me conseillent votre sagesse et votre noble dévouement. Mais l'essentiel aujourd'hui est de vous rétablir, et je vous prie de ne songer qu'à cela. Pour vous ôter toute inquiétude à l'égard de vos ennemis, que je voudrais connaître, je vais faire placer devant votre hôtel une compagnie des gardes (49).

CATHERINE DE MÉDICIS.

On pourrait y joindre, pour plus de sûreté, des Suisses de la garde du roi de Navarre.

CHARLES.

Je n'y vois aucun inconvénient.

COLIGNI.

Sire, je ne crains rien.

GUISE.

Vous avez raison, monsieur, mais cette précaution rassurera vos amis alarmés.

CHARLES.

Adieu, mon père.

COLIGNI, ému jusqu'aux larmes et avec enthousiasme.

Dieu, la France et mon roi!

CATHERINE DE MÉDICIS,
bas au duc de Guise, en se retirant.

Il est notre prisonnier.

GUISE, bas à Catherine de Médicis.

Nous le tenons.

SCÈNE LXVI.

COLIGNI, TÉLIGNI, LE VIDAME DE CHARTRES.

TÉLIGNI.

Eh bien, que vous a dit le roi?

COLIGNI.

Rassurez-vous, mes amis : nous n'avons rien à craindre. Sa Majesté ne m'a jamais témoigné plus d'affection qu'aujourd'hui; et s'il faut même le dire, la reine-mère paraît réellement affligée de ce qui m'est arrivé.

LE VIDAME.

Comment un homme tel que vous peut-il donner tête baissée dans un pareil piège?

TÉLIGNI.

Mais où est le piège, je vous prie?

LE VIDAME.

Dans les caresses mêmes qui ont ébloui M. l'amiral. Je connais Médicis; si elle nous embrasse, c'est pour nous étouffer.

TÉLIGNI.

Et le roi?

LE VIDAME.

Le roi fera ce que voudra sa mère.

COLIGNI, au Vidame.

Vous êtes désolant, mon ami. Apprenez que sa majesté, voulant me mettre à l'abri des coups d'un nouvel assassin, va faire environner ma maison d'une partie de sa garde.

TÉLIGNI.

Que répondrez-vous à cela?

LE VIDAME.

La comédie est très-bien jouée : vous ne sortirez plus de chez vous.

COLIGNI.

J'ai besoin de repos, messieurs. Faites-moi le plaisir de vous retirer.

LE VIDAME, à Coligni.

Vous voulez donc rester absolument?

COLIGNI.

Oui, mon ami.

LE VIDAME.

Permettez-moi de vous faire mes adieux.

(Il embrasse l'amiral.)

TÉLIGNI.

Vous allez trop loin, monsieur. L'évènement prouvera...

LE VIDAME.

Oui, l'évènement prouvera qu'un respectable jeune homme n'a pas voulu entendre la vérité. (Il sort.)

COLIGNI, à Téligni.

Ayez la complaisance, mon ami, de passer chez le roi de Navarre pour le rassurer sur mon état.

TÉLIGNI.

Je vous obéis. (Il sort.)

SCÈNE XLVII.

(Au Louvre.)

CHARLES IX, CATHERINE DE MÉDICIS, LE DUC D'ANJOU.

CATHERINE DE MÉDICIS.

Profitons de l'évènement pour réunir autour de l'amiral les gentilshommes calvinistes.

CHARLES.

Vous l'avez entendu, madame; il n'est pas à craindre. Les conseils qu'il m'a donnés, ses vues sur l'Amérique, tout annonce en lui un sujet fidèle.

CATHERINE DE MÉDICIS.

J'ai entendu qu'il parlait du ministre d'un grand

roi avec l'accent de la haine; et, quant à ses vues sur le nouveau monde, n'en soyez pas ébloui; elles cachent le projet criminel d'y étendre l'hérésie.

LE DUC D'ANJOU.

Tant que le calvinisme marchera tête levée parmi nous, la monarchie courra les plus grands dangers.

CATHERINE DE MÉDICIS, au duc d'Anjou.

Votre frère n'en sera convaincu que sous les débris du trône.

SCÈNE XLVIII.

CHARLES IX, CATHERINE DE MÉDICIS, LE DUC D'ANJOU, HENRI DE BOURBON, LE PRINCE DE CONDÉ.

HENRI DE BOURBON.

Sire, nous venons demander la permission à Votre Majesté de nous retirer de la cour (50).

CHARLES.

D'où vient cette résolution subite?

HENRI DE BOURBON.

Nous ne sommes plus en sûreté au milieu de catholiques qui nous menacent de leurs poignards. Le crime que l'on vient de commettre et dont on ne recherche pas l'auteur...

CATHERINE DE MÉDICIS.

Vous êtes dans l'erreur, Sire : on ne néglige rien pour le trouver.

LE PRINCE DE CONDÉ.

Je doute que l'on parvienne à l'atteindre, car on assure qu'il a pris la fuite sur le meilleur cheval des écuries de M. le duc de Guise (51).

CATHERINE DE MÉDICIS, avec indifférence.

Bruit populaire que vous devriez mépriser.

CHARLES, à Henri de Bourbon.

Mon frère, je vais vous donner une preuve de ma bonne foi. (Au duc d'Anjou.) Faites porter l'ordre à tous les gentilshommes protestans qui sont à Paris d'aller se loger près de l'amiral, et qu'aucun catholique n'approche de ce quartier, sous peine de mort (52).

(Le duc d'Anjou sort.)

CATHERINE DE MÉDICIS.

Cette mesure, toute paternelle, ne laissera plus sans doute le moindre prétexte à la malveillance de nous soupçonner de vouloir rompre la paix. Le roi de Navarre et M. le prince de Condé voudront bien nous honorer assez de leur confiance pour se renfermer avec nous au Louvre, jusqu'à ce que cette crise soit passée (53).

HENRI DE BOURBON.

Madame, cette prière est un ordre, et nous nous

y soumettrons. Notre vie est entre vos mains, mais n'oubliez pas que vous en répondrez devant Dieu et au tribunal de la postérité. (Il sort avec le prince de Condé.)

SCÈNE XLIX.

CHARLES IX, CATHERINE DE MÉDICIS.

CATHERINE. DE MÉDICIS.

Dieu sera pour nous, et la postérité pour les vainqueurs.

CHARLES.

Quel est votre but, madame, en les engageant à se retirer au Louvre?

CATHERINE DE MÉDICIS.

De leur sauver la vie : car nous pourrons bien attribuer à Guise la mort de Coligni et des autres calvinistes, mais nous ne ferions croire à personne que l'on a répandu, sans notre consentement, le sang d'un prince de la famille royale (54).

CHARLES.

Vous me parlez de cette fatale journée avec une tranquillité qui m'épouvante.

CATHERINE DE MÉDICIS.

Non, sire, non, je ne suis pas insensible : mon

cœur saigne du coup que nous allons frapper; mais j'aime la France et veux la préserver des erreurs de Calvin et des principes dangereux qui en sont les conséquences.

CHARLES.

Avez-vous revu l'abbé Popoli?

CATHERINE DE MÉDICIS.

Oui, sire. Ce pieux ecclésiastique aurait dû triompher de votre irrésolution. Cependant le temps presse. Les huguenots, avertis par le sujet fidèle qui vient de blesser leur chef, vont peut-être reprendre les armes, et alors Dieu sait... Si vous vouliez bien vous pénétrer des raisons qui prescrivent ce coup d'état, vous n'hésiteriez pas un moment à le frapper. Tavannes, Gondi, Henri d'Angoulême, enfin tous les soutiens du trône, n'attendent que votre ordre pour vous délivrer de vos ennemis.

CHARLES.

Eh bien, réunissez ces messieurs chez vous; que je les entende encore une fois avant de me décider, et finissons-en. Oui ou non, je ne reviendrai pas sur la résolution que j'aurai prise.

CATHERINE DE MÉDICIS.

Vous allez être obéi. (Ils sortent.)

SCÈNE L.

(Dans une rue voisine de la rue Bétisi.)

˙PEUPLE.

Une compagnie des gardes-du-roi et quelques Suisses de Henri de Bourbon passent au milieu de la foule.

PREMIER HOMME.

Les Suisses n'ont pas l'air content.

DEUXIÈME HOMME.

C'est qu'ils voient bien de quoi il est question.

TROISIÈME HOMME.

Et de quoi est-il question? car tu fais toujours le fin, toi!

DEUXIÈME HOMME.

Elle est bonne ta demande!

TROISIÈME HOMME.

Monsieur le politique qui croit savoir dans son échoppe ce que l'on fait à la cour!

DEUXIÈME HOMME.

Je ne suis ni sourd ni aveugle, mon camarade.

TROISIÈME HOMME.

Eh bien, qu'est-ce que cela prouve

DEUXIÈME HOMME.

Cela prouve que j'ai entendu le coup d'arquebuse et que j'ai vu tomber l'amiral.

QUATRIÈME HOMME.

Que n'est-il tombé en enfer!

CINQUIÈME HOMME.

Sois tranquille; le diable en ouvre déja les portes.

DEUXIÈME HOMME.

Que vous a donc fait ce pauvre homme?

CINQUIÈME HOMME.

Il n'est pas de notre religion.

DEUXIÈME HOMME.

Cela est vrai, mais nous ne sommes pas non plus
de la sienne.

CINQUIÈME HOMME.

Tu m'as l'air d'entendre la messe du chancelier (55).

DEUXIÈME HOMME.

Si nous n'étions pas dans la foule, je te donnerais
de la messe à grands coups de poing sur la mâchoire.

CINQUIÈME HOMME.

Nous nous reverrons.

DEUXIÈME HOMME.

Quand cela te fera plaisir : je ne te crains pas.

UN OFFICIER DES GARDES,
à cheval au milieu du peuple.

Messieurs, le roi ordonne à tous les catholiques de se retirer de ce quartier, et de ne pas approcher, sous peine de mort, de la rue où demeure M. de Coligni. Dans une heure cette ordonnance recevra son exécution.

Grand tumulte parmi le peuple qui se disperse : On entend de tous côtés :

Chiens d'huguenots ! — Qu'est-cé que tout cela deviendra ? — Voilà beaucoup de bruit pour un homme blessé. — Eh ! qu'on laisse en paix ces pauvres gens ; ils ne sont pas à craindre. — Vive le roi ! Vive le duc de Guise ! — Vive la religion ! — Qu'on les pende tous pour en finir !

SCÈNE LI.

Chez le Vidame de Chartres.

(Un grand crucifix est attaché à la muraille.)

LE VIDAME DE CHARTRES, MONTGOMÉRI, PLUSIEURS PROTESTANS.

LE VIDAME.

Mes amis, la nature nous avait annoncé les malheurs qui nous menacent aujourd'hui, et le soleil sanglant de l'automne de quinze cent septante

luit à plomb sur nos têtes (56). Puisque l'amiral et
M. de Téligni sont aveuglés au point de croire à
la sincérité des caresses d'une Médicis, je ne puis
que les plaindre, verser des larmes sur le sort qui
les attend, et prendre des mesures pour me défendre.
Je vous propose de nous rendre tous au milieu de
nos frères du faubourg Saint-Germain (57). Quoique
réunis sur un seul point, nous n'échapperons pas
peut-être au massacre dont une cour impie nous
menace, mais nous aurons du moins le triste plaisir
de vendre chèrement notre vie.

MONTGOMÉRI.

Vous avez raison, mon ami. Partons à l'instant
même; et, s'il nous faut périr sous le poignard de
catholiques dont l'histoire nous vengera, périssons
en braves, couverts du sang de nos ennemis.

TOUS LES PROTESTANS.

Nous vous suivons. (Ils veulent sortir.)

LE VIDAME, qui les arrête.

Jurons de ne pas nous quitter, de nous défendre
les uns les autres jusqu'à la mort.

TOUS LES PROTESTANS, avec enthousiasme.

Nous le jurons.

LE VIDAME. (Il se tourne vers le crucifix.)

Jurons sur cette croix que l'on outrage, sur cette
image sacrée qui paraît se couvrir à nos yeux de

lambeaux sanglans, (ils se mettent tous à genoux,) que nos derniers soupirs seront pour Dieu, pour la France et la foi de nos pères.

TOUS LES PROTESTANS. (Ils se relèvent.)

Nous le jurons.

LE VIDAME.

Des armes! mes amis, des armes! Et que l'exécration des siècles s'attache à la mémoire de Médicis!

(Ils sortent tous.)

SCÈNE LII.

(Au Louvre.)

CHARLES IX, (il marche d'un air agité.) UN HUISSIER DE CABINET.

L'HUISSIER.

On m'a chargé de remettre cette lettre à Votre Majesté.

CHARLES, avec humeur.

Laissez-moi.

L'HUISSIER.

Sire, c'est de la part de la reine.

(Le roi prend la lettre et l'huissier sort.)

CHARLES.

Que me veut-elle? Lisons. « Sire, on vient de « commettre un grand crime, et Votre Majesté m'é- « vite avec une attention marquée. Que dois-je « penser de tous les bruits qui circulent? On dit

8

« des choses horribles que je n'ose répéter ; mais
« hélas ! si elles sont vraies, que vous êtes à plaindre !
« Ah ! qu'ils sont criminels ceux qui ferment votre
« cœur à une partie de vos sujets ! Ne sont-ils pas
« tous vos enfans ? Ne répondez-vous pas de leur
« bonheur au tribunal de Dieu ? Sire, la vraie reli-
« gion n'est jamais cruelle, le crime n'est jamais
« utile aux rois. »

« ÉLISABETH. »

SCÈNE LIII.

CHARLES IX, CATHERINE DE MÉDICIS.

CATHERINE DE MÉDICIS.

Sire, vos amis et les miens sont réunis ; on n'attend plus que Votre Majesté.

CHARLES.

Je vais m'y rendre.

CATHERINE DE MÉDICIS.

Vous paraissez ému.

CHARLES, en lui donnant la lettre de la reine.

Lisez cette lettre.

CATHERINE DE MÉDICIS, après l'avoir lue.

Mon fils, ce n'est pas avec des phrases que l'on
écrase l'impiété et l'hydre des révolutions. La reine,
tout entière aux pratiques religieuses, ne se doute
pas des dangers qui vous environnent. Je vous l'ai

déja dit : respectez-la toujours comme votre épouse, mais ne l'écoutez jamais sur les matières d'état. La journée sanglante qui va raffermir le trône ébranlé n'est pas un crime ; ce n'est qu'un malheur nécessaire.

CHARLES.

Sortons.

SCÈNE LIV.

(Chez Catherine de Médicis.)

CHARLES IX, CATHERINE DE MÉDICIS, LE DUC D'ANJOU, HENRI D'ANGOULÊME, LE DUC DE GUISE, GONZAGUES, TAVANNES, GONDI. (Ils sont tous assis.)

CHARLES.

J'ai voulu me trouver au milieu de vous, Messieurs, pour vous demander encore une fois si vous persistez toujours à penser qu'il importe à la sûreté de ma couronne que tous les calvinistes périssent. Je vous prie de réfléchir mûrement sur l'état des choses avant de prendre une détermination définitive, car ma réputation est entre vos mains. Vous allez décider si l'on étouffera en France le calvinisme encore au berceau, si mon nom sera ou ne sera point en horreur dans la postérité. Je n'ignore pas qu'un prince, sans rien perdre de sa gloire, peut se défendre, par tous les moyens possibles, contre des sujets dangereux ; mais il faut au moins que ce

8.

danger soit bien prouvé ; il faut que la tranquillité
de l'état soit réellement menacée. N'oubliez pas,
Messieurs, que le glaive qui tombe du trône ne doit
jamais frapper par vengeance, et que la clémence
est aussi la justice des rois. (Au duc de Guise.) Parlez,
Monsieur le duc.

GUISE. (Il se lève.)

Sire, la justice d'un prince est tout entière dans
le salut de son peuple. Quand Dieu voulut qu'il y
eût des rois, il leur imposa l'obligation d'être justes
envers leurs sujets, c'est-à-dire, de récompenser les
bons et de punir les méchans. Il est sans doute des
circonstances heureuses où l'on peut écouter la clémence et pardonner aux coupables : mais ces douces
inspirations du cœur doivent être étouffées quand
la raison d'état l'exige. La générosité, qui traîne
après elle le repentir et les regrets, n'est pas vertu
chez les princes ; c'est faiblesse. Jetons un coup d'œil,
Sire, sur l'état de la France depuis la naissance de
l'hérésie jusqu'à nos jours, et Votre Majesté pourra
décider, dans sa haute sagesse, ce que méritent des
hommes avides de nouveautés et de bouleversemens.

A peine le venin de l'hérésie fut-il répandu parmi
nous, que le trône chancela sur sa base. Valdo,
Wiclef, Jean Hus, Luther, Zuingle, Calvin, ont
excité dans les esprits une indocile curiosité des
choses saintes, la fureur de l'examen dans tout ce
qui doit être respecté, une tendance criminelle à la

rébellion. L'histoire entière des derniers temps se
lève en temoignage du fatal ascendant des prétendus
réformateurs. C'est à ces hommes, nés pour le malheur des rois et l'affliction de l'église, que nous de
vons aujourd'hui le déplorable spectacle d'un peuple qui a eu l'audace de créer une république au
milieu de la monarchie espagnole, et de faire entendre des cris d'indépendance et de liberté à côté
du trône de Charles-Quint. Les mots de ralliement
de vos sujets calvinistes, *Liberté de conscience*, ne
paraissent d'abord que l'expression simple d'un droit
naturel ; mais l'expérience prouve malheureusement
que cette doctrine avouée n'a jamais été chez eux
qu'un prétexte pour arriver au pouvoir et imposer
des lois à Votre Majesté. Des rebelles veulent surprendre la cour à Blois, se saisir de la personne
du prince, l'obliger même de déclarer Louis de
Condé lieutenant général du royaume, et ils crient:
Liberté de conscience! Ils veulent renouveler ce
scandale à Monceaux, sous les yeux du connétable
de Montmorency, et ils crient encore : *Liberté de
conscience!* Non, Sire, non, ce n'est pas à des
hommes dévorés d'ambition et qui ne cherchent à
renverser les autels que pour parvenir à limiter le
pouvoir du gouvernement ; ce n'est pas à des hommes
dont la doctrine cachée est plus anti-monarchique
peut-être que leur croyance religieuse n'est opposée à
la nôtre, que Votre Majesté doit accorder sa confiance,

ni même pardonner le sang qu'ils ont fait répandre. Il faut qu'un grand exemple de rigueur mette le trône de mon roi à l'abri des tempêtes révolutionnaires qui grondent encore dans le lointain. Que le calvinisme, frappé à mort dans tout le royaume, tombe en sacrifice aux mânes de ces nobles guerriers qui ont péri pour leur prince et la religion sous le fer des rebelles de Dreux, de Jarnac, de Moncontour. Et puisse cette haute justice d'état ramener la paix depuis si long-temps exilée, raffermir le trône sur une base inébranlable, et consoler mon père dans sa tombe du crime de Coligni et de Théodore de Bèze (58). (Il se rassied. (*)

CHARLES, à Tavannes.

Quel est votre avis, Monsieur le Maréchal ?

TAVANNES. (Il se lève.)

Sire, M. le duc de Guise, digne fils du vainqueur de Metz et de Calais, a été le fidèle interprète de

---

(*) Ce discours de Guise n'est qu'un sophisme perpétuel, qui ne pouvait entraîner qu'un roi dominé par les affreux conseils de sa mère. Il serait très-facile de prouver, l'histoire à la main, que la première paix conclue avec les calvinistes en 1563, la seconde en 1568, et la troisième en 1570, furent rompues par la cour, et que les prédécesseurs de Charles IX, et lui-même, n'auraient jamais eu rien à redouter des réformés, si ceux-ci n'avaient pas été continuellement en butte à d'atroces persécutions.

mes sentimens. Les calvinistes doivent tomber sous nos coups, non-seulement pour assurer le triomphe de la religion que l'on outrage, mais pour sauver la monarchie des dangers dont elle est menacée.

HENRI D'ANGOULÊME.

Rien n'ayant pu extirper l'hérésie parmi nous, ni les supplices des réformés sous le règne de François I, ni l'éloquence du cardinal de Lorraine au colloque de Poissi, ni même les chambres ardentes des parlemens, il faut en finir par un massacre général.

GONDI.

Exterminons sans pitié des rebelles qui ont eu l'audace d'ouvrir le port du Havre aux Anglais.

GONZAGUES.

Et de demander des auxiliaires au Palatinat (59).

LE DUC D'ANJOU.

Des hommes qui ont arboré l'étendard de l'impiété, parce qu'ils savent que le catholicisme est le plus solide appui de la royauté, de la royauté telle que Votre Majesté la tient de ses ancêtres, et telle qu'elle a le droit de la transmettre à ses descendans.

TAVANNES.

N'oublions pas que les huguenots, couverts de sacriléges, ont abattu la sainte croix, renversé les images, dispersé les hosties consacrées, et insulté aux cendres de nos rois.

TOUS LES MEMBRES DU CONSEIL.

La mort.

CATHÉRINE DE MÉDICIS.

La France reconnaissante vous placera un jour, Messieurs, au premier rang de ses bienfaiteurs; elle sentira quel service vous lui avez rendu en la délivrant de ses plus grands ennemis. Désormais le trône et l'autel sont en sûreté.

CHARLES.

Je me sens délivré enfin d'une pénible irrésolution : je respire plus librement. (A Guise.) Vous m'avez persuadé, Monsieur le duc. Mais proscrivons-nous tous les calvinistes ?

GONDI.

Oui, Sire, Henri de Bourbon seul excepté.

LE DUC D'ANJOU.

On pourrait se contenter de se défaire des principaux chefs.

CATHERINE DE MÉDICIS.

Pas de demi-mesure.

CHARLES.

Non : puisqu'il le faut, je ne veux pas qu'il en reste un seul qui puisse me le reprocher (60).

GONZAGUES.

Je demande à Votre Majesté la grace de mon beau-

frère, le prince de Condé. Je réponds de sa soumis-
sion (61).

CATHERINE DE MÉDICIS.

Nous y consentons.

TAVANNES.

Serai-je aussi heureux que M. le duc en demandant la même faveur pour les maréchaux de Montmorency et de Damville (62)?

CHARLES, à sa mère.

Qu'en pensez-vous?

CATHERINE DE MÉDICIS.

Soit : mais n'allons pas plus loin. Je vais faire
partir les ordres pour la province (63).

TAVANNES.

Quel jour fixons-nous?

CATHERINE DE MÉDICIS.

Demain.

GONDI.

A quelle heure?

CATHERINE DE MÉDICIS.

Minuit. (Aux membres du conseil qui veulent se retirer.)
Attendez, messieurs. Il faut que nous convenions
d'un signe de ralliement pour éviter la confusion et
peut-être même des malheurs.

GUISE.

Une écharpe blanche au bras gauche et une croix
au chapeau.

GONZAGUES.

Et le signal?

CATHERINE DE MÉDICIS.

Le tocsin de la grosse cloche du palais.

GONDI.

Séparons-nous pour nous préparer à cette grande
journée. (Ils sortent tous.)

CATHERINE DE MÉDICIS, à part.

Je triomphe! (Au roi.) Sire, sortez donc de l'ac-
cablement où vous êtes.

CHARLES.

Ah! que ce jour terrible n'est-il passé!
(Il sort de la salle avec sa mère.)

SCÈNE LV.

Chez le duc de Guise.

(Trois heures après midi.)

LE DUC DE GUISE, LE DUC D'AUMALE
qui entre.

GUISE.

Eh bien, Monsieur le duc, nos affaires avancent-
elles?

D'AUMALE.

Nous n'avons rien à désirer : le génie de Médicis a tout prévu. Les soldats actuellement à Paris ont reçu l'ordre en secret de vous obéir, et l'on a porté beaucoup d'armes au Louvre pendant la nuit.

GUISE.

Je le savais... Le voilà donc arrivé ce jour que j'attendais avec tant d'impatience ! Mais je ne suis pas encore tout-à-fait rassuré. Tant que le tocsin n'aura pas sonné la mort de Coligni, le roi...

D'AUMALE.

Point d'inquiétude à cet égard ; il lui est impossible de reculer.

GUISE.

Savez-vous si l'on a ordonné au prévôt des marchands de prendre des mesures contre les huguenots ?

D'AUMALE.

Je l'ignore.

GUISE.

Nous nous en informerons, car il ne faut rien négliger.

D'AUMALE.

Médicis y aura pensé ; nous pouvons compter sur elle... Avouons de bonne foi, quoique nous ne l'aimions pas plus que de raison, que cette femme n'est pas une femme ordinaire.

GUISE.

Oh! non. Italienne et nourrie de la lecture du Florentin, il est plus sûr de marcher avec elle que contre elle.

SCÈNE LVI.

LES MÊMES PERSONNAGES, BUSSY D'AMBOISE.

BUSSY.

Vous savez ce qui se passe, monsieur le duc.

GUISE.

Non.

BUSSY.

On vient d'arrêter un de vos valets, parce que, dit-on, c'est lui qui a tiré sur l'amiral (64).

GUISE, à d'Aumale.

Vous voyez bien que nous n'avons pas encore atteint au but. Je me vengerai de cette infâme trahison.

D'AUMALE.

Tranquillisez-vous : Médicis veut jouer la comédie jusqu'à minuit, afin que les calvinistes dorment en paix jusqu'au moment du réveil.

GUISE.

Il faut que j'éclaircisse ce nouveau mystère.

(Ils sortent tous.)

SCÈNE LVII.

Chez le Prévôt des marchands.

LE PRÉVOT DES MARCHANDS, UN COURTISAN DE LA SUITE DE MÉDICIS.

LE COURTISAN.

Vous sentez bien, monsieur, que la cour vous récompensera au-delà même de vos espérances. Mais, encore une fois, beaucoup de discrétion.

LE PRÉVÔT.

La reine-mère, qui m'a toujours honoré d'une bienveillance particulière, a le droit d'attendre de moi tous les services possibles. Les calvinistes sont en bonnes mains. Vous pouvez dire à Sa Majesté que si quelques-uns de ces impies ont le bonheur de se sauver, ce ne sera pas ma faute.

LE COURTISAN.

Ainsi nous sommes bien convenus...

LE PRÉVÔT.

Reposez-vous sur mon zèle et mon dévouement.

SCÈNE LVIII.

LE PRÉVOT.

J'avais toujours pensé que Catherine de Médicis romprait la paix un jour ou l'autre avec M. de Coligni. Ma foi, voilà une bonne occasion de me mettre bien en cour, et je ne la laisserai pas échapper; on n'en a pas beaucoup de semblables, même dans une longue vie... Mais occupons-nous des préparatifs nécessaires. (Il sort de chez lui.)

SCÈNE LIX.

(Au Louvre.)

CHARLES IX, CATHERINE DE MÉDICIS, TÉLIGNI, un instant après.

(Il est nuit.)

CATHERINE DE MÉDICIS.

J'ai prouvé à M. de Guise que je voyais plus loin que lui, et il est parti satisfait. Mais que nous veut le gendre de l'amiral ?

TÉLIGNI.

Sire, quoique vous nous ayez juré paix et protection, le Louvre se remplit d'armes et les gens de guerre se rendent sourdement à des postes inaccoutumés (65). Trahit-on Votre Majesté ? où le malheur arrivé à M. de Coligni ne serait-il que l'avant-coureur...?

CHARLES.

Monsieur, tout se fait par mes ordres... Je vous confie que je veux me mettre en état de résister au duc de Guise qui, à l'aide de ses partisans, tâche de soulever le peuple contre les huguenots (66).

CATHERINE DE MÉDICIS.

Que ceux-ci ne s'alarment pas; ils n'ont rien à craindre, absolument rien.

TÉLIGNI.

Je me retire, convaincu de la loyauté de Votre Majesté.

SCÈNE LX.

CHARLES IX., CATHERINE DE MÉDICIS.

CHARLES.

De ma loyauté! Ah! madame, quelle résolution vous m'avez imposée! Des hommes que mes caresses et mes bienfaits ont attirés à la cour...

CATHERINE DE MÉDICIS, avec force.

Voulez-vous régner sans contradiction? Oui, vous

le voulez : tous les rois. le veulent. Eh bien ! ce
règne commencera à minuit. Pourquoi n'avoir pas
la force de se défaire de gens qui ont si peu ménagé
votre autorité et votre personne (67)?

CHARLES, hors de lui.

Donnez donc les ordres nécessaires, et que le
sacrifice commence. (Ils sortent.)

SCÈNE LXI.

(Dans une salle de l'Hôtel-de-Ville.)

LE PRÉVOT DES MARCHANDS, ÉCHEVINS.

LE PRÉVÔT.

Messieurs, vous savez que nous sommes réunis
ici par ordre de la reine-mère et de M. le duc de
Guise, si digne de l'affection des Français; mais
vous ignorez peut-être la raison de cette convoca-
tion subite.

PREMIER ÉCHEVIN.

Oui, monsieur.

LE PRÉVÔT.

Je vais donc vous l'apprendre. On va frapper un
grand coup contre les ennemis de la religion, et le
roi veut bien nous faire l'honneur de nous associer
à ses pieux desseins. En conséquence, messieurs, il

nous est ordonné de tenir nos gens prêts et armés. Le tocsin leur apprendra à minuit quel sang ils doivent répandre pour mériter les récompenses du Ciel et de la cour.

PREMIER ÉCHEVIN.

Vous ne nous dites pas, monsieur, qui sont ces ennemis de la religion.

LE PRÉVÔT.

Les calvinistes.

PREMIER ÉCHEVIN.

Quoi! égorger des hommes désarmés qui dorment sur la foi des traités! Au milieu de la paix! Jamais, non, jamais je ne tremperai dans une conspiration aussi épouvantable : je respecte trop le roi pour lui obéir. Adieu, messieurs. Je n'ai rien à faire ici.

UN ÉCHEVIN.

Vous ne sortirez pas.

UN AUTRE.

Non, sans doute : il irait tout divulguer.

LE PRÉVÔT.

Je ferai mon rapport à la reine-mère.

PREMIER ÉCHEVIN.

Faites-lui votre rapport ; l'histoire fera le sien à la postérité.

9

UN ÉCHEVIN.

Que cet ami des réformés soit consigné dans un cabinet particulier jusqu'à six heures du matin, et séparons-nous pour placer nos gens.

TOUS.

Oui, oui.

PREMIER ÉCHEVIN.

Votre conduite à mon égard m'honore trop pour que je m'en plaigne. Je vous remercie, messieurs.

(On renferme l'honnête échevin.)

LE PRÉVÔT.

N'oubliez pas que la grosse cloche du palais donnera le signal du massacre à minuit.

UN ÉCHEVIN.

A quel signe reconnaîtrons-nous les maisons des huguenots ?

LE PRÉVÔT.

Deux raies blanches en croix sur la porte (68). Adieu, messieurs. Du courage et du zèle : la mère de votre roi, Médicis vous regarde.

SCÈNE LXII.

(Au Louvre, chez le roi.)

CHARLES IX, MARSILLAC, qui entre.

CHARLES.

Ah! c'est vous, Marsillac. Quelle raison vous amène si tard au Louvre?

MARSILLAC.

La douce habitude de m'entretenir au moins une fois par jour avec Votre Majesté.

CHARLES.

Vous avez bien fait de venir me voir, car j'ai besoin de distraction. Je suis tourmenté aujourd'hui de je ne sais quel pressentiment que je ne puis définir.

MARSILLAC.

Votre Majesté, il faut l'espérer, n'aura plus de journées aussi désagréables à passer que les deux dernières.

CHARLES.

Ce cher amiral m'a donné beaucoup d'inquiétude, mais heureusement ses blessures ne sont pas mortelles.

MARSILLAC.

Me permettez-vous, Sire, de vous parler avec franchise ?

CHARLES.

Oui.

MARSILLAC.

On croit généralement à la cour, et même parmi le peuple, que c'est le duc de Guise...

CHARLES.

Je n'en doute point, mais nous ne sommes pas encore arrivés au moment de lui demander raison de ce crime. M. de Coligni n'est pas tué : voilà l'essentiel.

MARSILLAC.

Votre Majesté aurait perdu en lui le plus fidèle et le plus zélé de ses sujets.

CHARLES.

Vous le croyez ?

MARSILLAC.

Oui, Sire.

CHARLES.

Cependant il m'a fait la guerre bien long-temps.

MARSILLAC.

Les Guise en sont cause, mais ne songeons plus au passé. L'amiral est un homme respectable sous tous les rapports; et s'il a eu le malheur de tirer l'épée... (Onze heures sonnent à Saint-Germain l'Auxerrois.) Il est plus tard que je ne le croyais : l'horloge m'avertit de me retirer.

CHARLES.

Quoi ! déja ?

MARSILLAC.

Je ne veux pas abuser des bontés de Votre Majesté. Si le sujet de notre conversation ne lui déplaît pas, nous pourrons demain...

CHARLES.

Demain ? Non ; ne vous en allez pas encore.

MARSILLAC.

Vous paraissez agité, Sire.

CHARLES.

Non... Il est bien tard pour retourner chez vous... passez la nuit au Louvre.

MARSILLAC.

Votre Majesté me témoigne un intérêt auquel je suis très-sensible, mais je ne puis laisser ma femme dans l'inquiétude (69).

CHARLES.

On pourrait lui faire savoir...

MARSILLAC.

Je supplie Votre Majesté de me permettre de me retirer.

CHARLES.

Eh bien, faites comme il vous plaira. (Marsillac salue le roi et sort par une porte à gauche.) Adieu, Monsieur le comte, adieu. (Après son départ.) J'ai fait ce que j'ai pu pour le retenir. Je vois bien que Dieu veut qu'il périsse (70).

SCÈNE LXIII.

CHARLES IX., CATHERINE DE MÉDICIS, LE DUC DE GUISE, LE DUC D'AUMALE, HENRI D'ANGOULÊME.

(Ils entrent par une porte à droite.)

CATHERINE DE MÉDICIS.

Encore quelques minutes, Sire, et vous serez vengé de tous vos ennemis.

CHARLES.

Le pauvre Marsillac vient de me quitter.

GUISE.

Que Votre Majesté n'honore de sa pitié aucun de ceux que nous allons frapper. Tous coupables ou prêts à le devenir, s'ils pouvaient vous faire descendre du trône pour y placer l'usurpation et l'impiété...

CATHERINE DE MÉDICIS.

Il y a trop long-temps qu'ils minent l'autorité royale et que leurs vues politiques ébranlent le gouvernement.

HENRI D'ANGOULÈME.

M. de Coligni va recevoir notre visite.

D'AUMALE, en souriant.

C'est une politesse que nous lui devons.

(On entend le tocsin.)

CATHERINE DE MÉDICIS.

Voilà le signal !

CHARLES.

Madame, il n'est pas encore l'heure (71).

CATHERINE DE MÉDICIS.

Eh ! peu importe. Votre sûreté me prescrit de hâter le moment de la vengeance.

GUISE.

Mon cœur bondit de joie. Messieurs, point de faiblesse : baignons-nous sans pitié dans le sang des huguenots. (Ils sortent.)

CATHERINE DE MÉDICIS, au roi.

Allons nous placer sur un des balcons qui dominent la Seine. Nous pourrons de là présider à la tragédie sans courir aucun danger.

SCÈNE LXIV.

Devant le Louvre.

(Toutes les lanternes du château sont allumées (72).

PEUPLE, PROTESTANS, GARDES ET PLU-SIEURS AUTRES PERSONNAGES.

UN PROTESTANT, à un garde.

Savez-vous pourquoi toutes ces lanternes sont allumées ?

LE GARDE.

Il y a réjouissance au Louvre.

Quelques protestans veulent entrer au château et sont massacrés par les gardes.

PLUSIEURS HOMMES DU PEUPLE.

Cela ne commence pas mal.

GUISE, passant au milieu de la foule.

Mes amis, vengez Dieu et le roi. Point de quartier aux huguenots ! Qu'ils périssent tous. (Il s'éloigne.)

PLUSIEURS VOIX DANS LA FOULE.

Oui ! oui ! *Vive le duc de Guise !*

On entend les cris lamentables des protestans que l'on assassine et que l'on jette par les fenêtres.

TAVANNES, courant à cheval dans une rue voisine.

Saignez, saignez ; la saignée est aussi bonne au mois d'août qu'au mois de mai (73).

SCÈNE LXV.

(Dans la rue Bétisi (*).

LE DUC DE GUISE, HENRI D'ANGOULÊME, LE DUC D'AUMALE, COLIGNI, TÉLIGNI, BESME ET AUTRES PERSONNAGES.

Un soldat suisse catholique frappe à la porte de la maison de Coligni.

UN DOMESTIQUE, à la fenêtre.

Que voulez-vous ?

D'AUMALE.

Nous demandons à parler à M. de Coligni de la part du roi.

LE DOMESTIQUE.

Je vais ouvrir.

A peine a-t-il ouvert la porte, qu'il est poignardé. La maison se remplit d'assassins.

PLUSIEURS VOIX.

Tuons tous ces huguenots : finissons-en.

TÉLIGNI, dans sa chambre.

Dieu ! quelle abomination ! On assassine mes do-

(*) Voyez pour cette scène *la Vie latine de Coligni*, imprimée à Leyde.

mestiques... Ah ! malheureux Coligni, ma confiance
t'a perdu.

Il sort de sa chambre et se sauve sur les toits, mais il est tué peu
de temps après.

COLIGNI, sortant de son lit.

Le tumulte est au comble chez moi. Qu'est-il donc
arrivé ?

PLUSIEURS VOIX.

Vive le duc de Guise ! tue ! tue !

COLIGNI.

Ces cris sont mon arrêt de mort... O mon Dieu,
reçois mon ame au sein de ta céleste justice ! j'ai
vécu sans reproche et je meurs sans crainte.

UN SUISSE DE LA GARDE DU ROI DE NAVARRE,
arrivant avec précipitation.

C'est Dieu qui nous appelle à lui ; la maison est
forcée, et il est impossible de résister.

COLIGNI.

Je me suis préparé à la mort depuis long-temps.
Tâchez de fuir, car vos efforts pour me sauver
seraient inutiles. Je remets mon ame à la miséricorde
du Seigneur (74).

Besme et plusieurs soldats entrent dans la chambre et tuent le Suisse.

BESME (*).

Est-ce toi qui es Coligni ?

(*) Je ne sais pas le nom propre de ce scélérat. Celui
qu'il porte dans l'histoire est une corruption du mot *Bo-héme*, son pays originaire.

COLIGNI.

C'est moi-même. Jeune homme, tu devrais respecter mes cheveux blancs; mais fais ce que tu
voudras; tu ne m'abrégeras la vie que de fort peu
de jours.

Besme lui plonge son épée dans le corps.

GUISE, dans la cour.

Besme, l'affaire est-elle faite?

BESME.

Voilà ma réponse.

Il jette le corps de l'amiral par la fenêtre. Le duc de Guise regarde le
cadavre et lui donne un coup de pied (75).

HENRI D'ANGOULÊME.

Il faut lui couper la tête et la porter à la reine-
mère.

GUISE.

C'est bien commencé : allons continuer notre
besogne (76). (à d'Aumale, bas.) Si nous pouvions envelopper dans la proscription toutes les grandes
familles du royaume fidèles au roi, ce serait un
coup de maître (77).

Ils s'éloignent et abandonnent Coligni à la populace qui, après lui avoir
fait mille outrages, le traîne à Montfaucon, où elle le pend par les
pieds à une chaîne de fer.

Plusieurs hommes de la suite de Guise égorgent des protestans dans les
maisons voisines (78).

SCÈNE LXVI.

(Dans une autre rue, en face du collège de Presles.)

CHARPENTIER, professeur en philosophie, PLUSIEURS JEUNES GENS, SES DISCIPLES ; RAMUS.

CHARPENTIER.

Non, mes amis, non; il ne faut faire grâce à aucun : c'est la volonté du roi. Allez surprendre Ramus dans son lit, et jetez-le sans pitié du haut de ce collège. Je vous ai prouvé dans mes discours que ne pas croire à Aristote, c'est être huguenot (79).

QUELQUES DISCIPLES.

Nous allons l'expédier.

CHARPENTIER.

Attendez encore un moment. Je veux lui prononcer moi-même sa sentence de mort.

Charpentier monte chez Ramus.

Salut (*).

RAMUS.

Salut.

CHARPENTIER.

Tu vas mourir.

***

(*) Historique.

RAMUS.

La vie !

CHARPENTIER.

Je te la vends.

RAMUS.

Combien ?

CHARPENTIER.

Tout ce que tu possèdes.

Ramus donne une bourse pleine d'or à Charpentier, et celui-ci, descendu dans la rue, dit à ses disciples :

Il vous attend : montez. (En s'en allant.) Le précepteur d'Alexandre est vengé, et moi aussi !

Quelques minutes après, le malheureux Ramus est assassiné et jeté par la fenêtre.

SCÈNE LXVII.

(Sur un balcon du Louvre.)

CHARLES IX, CATHERINE DE MÉDICIS, UN GARDE, PLUSIEURS DAMES DE LA COUR, UN HOMME DE LA SUITE DE GUISE, peu d'instans après.

CATHERINE DE MÉDICIS, au garde.

A-t-on eu soin de se saisir de tous les bateaux de la Seine, pour que les serviteurs du roi puissent passer facilement dans le faubourg Saint-Germain ?

LE GARDE.

Madame, vos ordres ont été exécutés.

CATHERINE DE MÉDICIS.

C'est très bien (80).

L'HOMME DE LA SUITE DE GUISE.

Madame, je vous apporte la tête de Coligni (81).

CATHERINE DE MÉDICIS.

Je veux que cette tête soit embaumée et envoyée à Rome. (L'homme se retire.)

CHARLES.

Quel est le cadavre que l'on traîne sous nos yeux ?

UN ASSASSIN, dans la rue, à haute voix.

Voilà M. de Soubise dans un bel état !

CATHERINE DE MÉDICIS.

Soubise ! Il faut que j'aille le voir de près.

Elle descend dans la rue avec plusieurs dames.

(Après avoir examiné le cadavre nu et sanglant.)

Je ne suis pas étonnée que sa femme lui ait intenté un procès. (en riant.) Le pauvre homme ! il fait pitié.

UNE DAME.

Madame de Soubise avait bien raison : j'en aurais fait autant (82).

CATHERINE DE MÉDICIS.

Jamais procès ne fut plus fondé. Mais rentrons.

SCÈNE LXVIII.

(Sur le balcon.)

CHARLES IX, une arquebuse à la main, CATHERINE DE MÉDICIS, UN GARDE DU ROI.

CHARLES.

Je me suis fait apporter cette arquebuse pour prendre part à l'action. J'ai déja tiré plusieurs coups.

CATHERINE DE MÉDICIS.

Avez-vous été heureux ?

CHARLES.

Je ne le pense pas. Il est plus facile d'écrire sur la chasse que de bien tirer... (*). Mais n'est-ce pas le vidame qui arrive de notre côté sur la rivière ?

CATHERINE DE MÉDICIS.

Oui ; il est avec Montgoméri (83).

CHARLES.

Envoyons-leur une balle. (Il tire plusieurs coups.) Je ne les ai pas touchés.

(*) Charles IX a écrit de la vénerie.

LE VIDAME.

Dieu! le roi lui-même! regagnons le faubourg Saint-Germain.

CHARLES.

En voilà assez: le reste se fera bien sans nous.

(Il rentre dans l'intérieur du Louvre avec sa mère.)

SCÈNE LXIX.

(Chez un vieux prêtre.)

LE PRÊTRE, rentrant précipitamment chez lui.

Il n'y a plus à en douter: c'est un massacre général des huguenots... Et Dieu permet un pareil crime! Et des prêtres, abjurant leur caractère sacré, courent à la tête des meurtriers... (84). Si je pouvais sauver quelques-uns de ces malheureux, même au péril de ma vie, oh! que je bénirais le créateur de me rappeler si noblement à lui! Charles..! Médicis..! noms à jamais exécrés... La couronne de Saint-Louis plongée dans des torrens de sang français, au milieu des fêtes de la cour, et en invoquant le nom du Dieu de miséricorde et de paix..! Ah! voilons cette image sacrée, cachons-la aux regards des hommes; ils ne sont plus dignes de la contempler.

Il couvre le Christ d'un drap noir, se met à genoux, et dit en versant des larmes.

Pardonne, ô mon Dieu, pardonne à la France

cette nuit exécrable. Il est encore des justes dans ma patrie : nous ne sommes pas tous des assassins.

SCÈNE LXX.

LE VIEUX PRÊTRE, UN HOMME DE LA SUITE DE GUISE.

(Il frappe à la porte.)

LE PRÊTRE.

Qui est là ?

L'HOMME.

De la part du roi.

LE PRÊTRE.

Le roi ne peut rien avoir à me faire dire à cette heure-ci.

L'HOMME.

Ouvre ta porte ou je l'enfonce.

LE PRÊTRE.

Ouvrons, puisqu'il le faut. Que me voulez-vous ?

L'HOMME.

On a vu entrer un huguenot dans cette maison ; n'est-il pas chez toi ?

LE PRÊTRE.

Non, Monsieur ; mais s'il y était, je ne vous le livrerais pas.

L'HOMME.

Quoi ! un prêtre se permettrait de soustraire à la vengeance de Sa Majesté un rebelle et un hérétique ?

LE PRÊTRE.

C'est parce que j'ai l'honneur d'être prêtre depuis soixante ans, que je connais mes devoirs de chrétien et d'honnête homme.

L'HOMME.

Ce huguenot est-il chez toi, oui ou non?

LE PRÊTRE.

Non.

L'HOMME.

Je vais m'en assurer, mais malheur à toi si je le trouve!

(Après avoir cherché le huguenot dans deux ou trois chambres.)

Qu'y a-t-il dans la grande armoire qui est au fond de ce cabinet? Un homme pourrait s'y cacher.

LE PRÊTRE.

Un peu de linge et un peu d'argent.

L'HOMME.

Tu mens. Donne-moi la clef.

LE PRÊTRE, lui remettant la clef.

La voici.

L'HOMME,
qui revient avec un petit sac d'argent.

Tout est de bonne prise chez les huguenots ou chez leurs amis.

LE PRÊTRE.

Quoi! le peu que je possède pour mes vieux jours...

L'HOMME.

Tu mourras bientôt; console-toi. Adieu, monsieur le prêtre, moitié catholique, moitié huguenot.

LE PRÊTRE.

Si vous étiez aussi bon catholique que je le suis, vous ne voleriez pas mon argent en invoquant la religion; vous ne rougiriez pas vos mains du sang de vos malheureux frères.

L'HOMME.

Tais-toi, ou je te fends la tête.

LE PRÊTRE.

Ce ne serait jamais qu'un crime de plus, et vous pouvez le commettre : à quatre-vingt-cinq ans un juste ne craint pas la mort.

L'HOMME.

Tu es bien heureux d'être si vieux.

LE PRÊTRE.

Retirez-vous, je vous prie. Laissez-moi prier Dieu; j'ai besoin d'oublier la terre.

L'assassin se retire et le bon prêtre se met à genoux devant son crucifix voilé.

SCÈNE LXXI.

(Au Louvre, chez le Roi.)

CHARLES IX, MARGUERITE DE VALOIS, arrivant dans le plus grand désordre et couverte seulement d'un manteau de nuit ; **LE PRINCE DE CONDÉ,** quelques instans après ; **COURTISANS.**

MARGUERITE.

Sire, sauvez-moi de la fureur de vos soldats. Ils viennent de pénétrer dans mes appartements et d'assassiner jusque sur mon lit des huguenots qui me demandaient protection (85).

CHARLES.

Point de protection pour eux, Madame; ils périront tous. Allez trouver votre mari, et laissez-moi.

Marguerite se retire presque évanouie.

(A un courtisan.) Que l'on fasse venir le prince de Condé.

Le roi se promène à grands pas pendant trois ou quatre minutes, et Condé arrive.

CONDÉ.

Sire, je me rends à vos ordres.

CHARLES.

Je vous ordonne d'abjurer à l'instant entre les mains de M. le cardinal de Bourbon, et de porter le même ordre au mari de ma sœur.

CONDÉ.

Personne n'a le droit de me forcer dans ma conscience. Votre Majesté manque à ses promesses, à la foi donnée.

CHARLES, avec violence.

Messe, mort, ou bastille pour la vie : choisissez, et retirez-vous (86).

SCÈNE LXXII (87).

(Dans la rue des Petits-Champs.)

MARTIN, PLUSIEURS ASSASSINS.

UN ASSASSIN, à Martin.

Tu parais bien joyeux : as-tu fait de bons coups?

MARTIN.

Je viens d'en faire un excellent. Après avoir pillé la maison de La Force, au faubourg Saint-Germain, je lui ai accordé la vie à lui et à ses enfans

pour une somme de deux mille écus que je dois
recevoir dans quarante-huit heures.

UN AUTRE ASSASSIN.

Es-tu sûr de ton fait ?

MARTIN.

Parbleu, si j'en suis sûr ! je tiens le père et les
enfans prisonniers chez moi ; ils sont sous la garde
de deux suisses catholiques qui m'en répondent.
Mais ne perdons pas notre temps à jaser, et cherchons de nouvelles aventures.

SCÈNE LXXIII.

(Chez Martin.)

CAUMONT DE LA FORCE, SES DEUX FILS, DEUX SUISSES, LE COMTE DE COCONAS,
quelques instans après.

UN SUISSE.

Si vous voulez vous sauver, Monsieur, je n'aurai
pas le courage de vous retenir.

L'AUTRE SUISSE.

Ni moi non plus.

CAUMONT.

Mes amis, j'ai donné ma parole, et j'aime mieux. mourir que d'y manquer. Ma belle sœur ne tardera pas à m'envoyer la somme que je lui ai demandée.

COCONAS, qui entre (88).

Sortez, Monsieur. Le duc d'Anjou demande à vous parler.

CAUMONT.

Vous venez me chercher pour me conduire à la mort, je le vois bien; mais n'ayez pas la barbarie d'égorger mes enfans.

LE PLUS JEUNE DES ENFANS.

Vous n'êtes tous que des meurtriers : Dieu vengera notre mort.

COCONAS.

Je ne suis pas envoyé ici pour parler, mais pour agir. Allons, descendez dans la rue.

SCÈNE LXXIV.

(Dans la rue des Petits-Champs.)

LES MÊMES PERSONNAGES, PLUSIEURS ASSASSINS.

L'on donne des coups de poignard à Caumont et à son fils aîné.

LE FILS AÎNÉ.

Ah! mon père... Ah! mon Dieu... Je suis mort.

Le père et le fils aîné rendent le dernier soupir.

LE PLUS JEUNE, qui n'a reçu aucune blessure.

Je suis mort.

Il se laisse tomber entre son père et son frère.

UN ASSASSIN.

Les voilà bien tous trois ; ils ne se relèveront pas.
Adieu, Messieurs de Caumont. (Ils s'en vont.)

Quelques malheureux viennent dépouiller les corps, mais ils laissent
un bas au plus jeune des enfans.

SCÈNE LXXV.

LE JEUNE CAUMONT, UN MARQUEUR DE JEU DE PAUME.

LE MARQUEUR DE JEU DE PAUME.

Il regarde les cadavres.

Ils ont oublié d'enlever ce bas ; prenons-le...
Hélas ! c'est bien dommage ; celui-ci n'est qu'un
enfant ; que peut-il avoir fait ?

LE JEUNE CAUMONT, à voix basse.

Je ne suis pas encore mort.

LE MARQUEUR DE JEU DE PAUME.

Ne bougez pas, mon enfant, ayez patience. Je
viendrai vous prendre quand ils n'y seront plus.

LE JEUNE CAUMONT.

Que Dieu vous récompense !

LE MARQUEUR DE JEU DE PAUME.

Je dirai que vous êtes mon neveu et que c'est la boisson qui vous a mis dans cet état.

LE JÉUNE CAUMONT.

Ne tardez pas trop à venir, car ma position est affreuse.

LE MARQUEUR DE JEU DE PAUME.

Soyez tranquille.

SCÈNE LXXVI ET DERNIÈRE.

(Dans les rues qui conduisent du Louvre à Montfaucon.)

CHARLES IX, TOUTE LA COUR, EXCEPTÉ ÉLISABETH.

CHARLES, à sa mère.

A-t-on trouvé chez lui des papiers qui le compromettent ?

CATHERINE DE MÉDICIS.

Non, Sire. Ils roulent tous sur des matières qui n'ont aucun rapport à la conspiration (89).

CHARLES, à Guise.

Que dites-vous de cela, Monsieur le duc ?

GUISE.

On en trouvera d'autres. Votre Majesté peut ac-

cuser l'amiral devant le parlement ; il y sera condamné comme il mérite de l'être.

CHARLES, après un instant de silence.

Serons-nous bientôt à Montfaucon ?

GUISE.

Oui, Sire.

PLUSIEURS VOIX PARMI LE PEUPLE.

Vive le Roi ! Vive la Reine ! Vive le duc de
Guise !

CATHERINE DE MÉDICIS, bas à Guise.

Comme on mène ces imbécilles !

GUISE, bas, à Catherine de Médicis.

Oui ; mais il faut cependant leur plaire.

CHARLES. Il fait signe à Biragne de s'approcher.

Avez-vous songé, Monsieur, à la médaille dont
je vous ai parlé tantôt ?

BIRAGUE.

Oui, Sire. Elle portera la date du 24 Août 1572,
avec cette inscription : *Pietas excitavit justitiam*,
et on lira autour ces paroles : *Virtus in rebelles* (90).

CHARLES.

C'est très-bien.

La cour arrive près du gibet de Montfaucon où Coligni est pendu par
les pieds.

UN COURTISAN.

Sire, que Votre Majesté n'aille pas plus loin. Ce cadavre répand une odeur insupportable.

CHARLES.

Le corps d'un ennemi mort sent toujours bon (91).

Après avoir regardé les restes de Coligni pendant quelques minutes.

Retournons au Louvre... J'irai déclarer demain au parlement, en lui demandant justice contre l'amiral, que tout s'est fait par mes ordres (92).

La cour se remet en marche aux cris de *Vive le Roi! Vive Médicis!*
Mort aux huguenots!

FIN.

NOTES.

(1) Voyez l'Essai sur les guerres civiles de France, à la suite de la Henriade. — Note (*q*) du second chant de ce poëme. — « Charles IX, dit Bossuet, s'était déterminé à la « paix, pendant laquelle il pouvait, en les ressemblant (les « huguenots) à la cour sous mille prétextes plausibles, trou- « ver des moyens plus sûrs de les perdre. La chose était ré- « solue, quoique la manière de l'exécuter fût peut-être indé- « cise. Il n'y avait que le roi, la reine, le duc d'Anjou, le « cardinal de Lorraine, et Albert de Gondi, comte de Retz, « Florentin, intime confident de la reine, qui fussent de ce « secret : on se défiait de tous les autres. » *Abrégé de l'histoire de France*, p. 673, t. II de ses œuvres.

(2) « Indifférente et impartiale entre Rome et Genève, « uniquement jalouse de sa propre autorité. » *Le même*, *Essai sur les guerres civiles de France.*

(3) Quoique l'on eût donné la charge d'amiral à M. de Villars, on continua, par habitude, d'en laisser le titre à Coligni. Voyez l'ouvrage de Bossuet, ci-dessus cité, p. 659.

(4) Selon Pasquier, le titre de *majesté* était déjà en usage à la cour de France sous le règne de Henri II.

(5) Ces lettres, interceptées par les huguenots, prouvent de plus en plus le crime du cardinal de Lorraine.

(6) Voyez Bossuet, ouvrage déja cité, p. 677.

(7) Le même ouvrage, p. 585. Catherine de Médicis veut parler ici du siége de Bourges.

(8) Ce fut le pape Pie V qui donna cette bulle. *Histoire d'Italie*, par Fantin Desodoards, t. VI, p. 179.

(9) « ..... D'autres enfin ont cru que le projet de la reine « était de faire tuer l'amiral par les assassins aux gages du « duc de Guise; de faire ensuite attaquer, par les gardes, « le duc et ses satellites; qu'alors Charles IX, délivré à la « fois des deux chefs de parti qu'il pouvait craindre, aurait, « aux yeux de toute l'Europe, l'honneur d'avoir puni le « crime du duc de Guise. L'habileté du *Balafré* fit manquer « ce projet. » Note (*q*) du second chant de *la Henriade*.

(10) « Le pape refusait à Marguerite de Valois la permis- « sion d'épouser Henri IV. *Si mons du pape fait trop la bête,* « dit Charles IX, avec ses juremens ordinaires, *je prendrai* « *moi-même Margot par la main, et la mènerai épouser en* « *plein prêche.* » Note (*s*) du second chant de *la Henriade*.

(11) L'ouvrage de Bossuet déja cité, p. 677.

(12) Le mot est de Charles IX, mais Catherine de Mé- dicis aurait pu le dire. Voyez l'*Histoire universelle*, trad. de l'anglais, t. LXXVI, p. 475.

(13) Le même ouvrage, p. 475.

(14) Le même ouvrage, p. 475. — Bossuet, *Abrégé de l'histoire de France*, p. 680.

(15) Comme ce drame est entièrement calqué sur l'histoire, et que, sous ce rapport, je ne suis réellement ici qu'un historien, j'ai cru pouvoir m'écarter de la règle qui veut que les personnages ne passent jamais trop subitement d'un lieu dans un autre. D'ailleurs ma pièce n'étant pas physiquement représentable, ainsi qu'on le verra par la scène LXVe et quelques autres, je n'étais pas forcé de me soumettre à la poétique ordinaire.

(16) « ..... A la célébration, elle ne répondit point; mais « le roi, qui était auprès d'elle, lui poussa la tête par der- « rière avec la main, et ce signe forcé passa pour un consen- « tement. » *Histoire universelle*, trad. de l'anglais, t. LXXVI, p. 479. — *Davila*, liv. V. — *Daniel*, liv. C, p. 270.

(17) Voyez l'ouvrage de Bossuet déja cité, p. 685.

(18) Le même ouvrage, p. 688.

(19) *Essai sur les mœurs*, chap. 171, p. 506. — *Histoire universelle*, déja citée, t. LXXVI, p. 478.

(20) Le même ouvrage, t. LXXVI, p. 478.

(21) J'ai dit, dans mon dialogue entre Boileau et madame de Staël, qu'il serait absurde de composer des ouvrages dramatiques qui dureraient dix ans, et où le lieu de la scène serait tantôt à Florence, tantôt à Venise, tantôt à Paris, et je suis encore de cette opinion; mais il faut cependant s'entendre. Si le même personnage va de Saint-Pétersbourg à Londres, d'une scène à l'autre, même d'un acte à l'autre, l'illusion est détruite, car l'action n'est pas en rapport avec le temps, et alors l'invraisemblance saute aux

yeux. Mais quand Shakspeare me fait voir, dans sa tragédie d'*Antoine et Cléopâtre*, Auguste à Rome, Antoine en Égypte et Sextus Pompée au cap Misène, il ne choque en rien ma raison. Ce sont trois tableaux que l'auteur présente l'un après l'autre, pour faire marcher de front une action qui commence en Égypte et en Italie.

(22) Le pauvre cardinal de Lorraine n'avait que neuf évêchés et autant d'abbayes. On aurait pu lui dire :

> Le ministre d'un Dieu qui vécut indigent,
> Ne doit point, croyez-moi, connaître l'opulence,
> Ni d'un luxe barbare étaler l'insolence.
>
> Fénélon, tragédie de Chénier.

(23) *Eh bien*, dit-elle alors, *nous prierons Dieu en français*.

(24) Cette lettre était adressée au pape Pie IV. *Histoire universelle*, trad. de l'anglais, t. LXXVI, p. 450.

(25) L'ouvrage de Bossuet déjà cité, p. 565.

(26) Le même, p. 575.

(27) Voyez la note (*ee*) du second chant de *la Henriade*.

(28) Voyez la note (*q*) du second chant de *la Henriade*, déjà citée.

(29) On avait promis à l'amiral de faire la guerre à l'Espagne dans les Pays-Bas, et de lui en donner le commandement. L'ouvrage de Bossuet, déjà cité, p. 672.

(30) « Je remarquerai seulement quelques particularités; « la première, c'est que si l'on en croit le duc de Sully,

« l'historien Mathieu et tant d'autres, Henri IV leur avait
« souvent raconté que jouant aux dés avec le duc d'Alençon
« et le duc de Guise, quelques jours avant la Saint-Barthélemi,
« ils virent deux fois des taches de sang sur les dés, et qu'ils
« abandonnèrent le jeu saisis d'épouvante. » *Essai sur les
mœurs et l'esprit des nations*, chap. 171, p. 506.

(31) Voyez la douzième scène de ce drame.

(32) Voyez l'ouvrage de Bossuet, p. 683.

(33) Il n'y eut que Téligni qui ne connut point le péril.
Bossuet, p. 689.

(34) Charles IX avait des maîtresses, et l'on peut soup-
çonner sa mère de lui en avoir procuré sans scrupule, elle
qui *donnait de temps en temps de petites fêtes où ses filles
d'honneur, les cheveux épars, couronnées de fleurs, servaient
à table à demi nues.* Voyez les *Essais historiques sur Paris*,
par Saint-Foix, t. III, p. 322, Londres, 1759.

(35) Historique. Voyez Bossuet, p. 688, et l'*Histoire de
la Saint-Barthélemi*, p. 147, Paris, 1826.

(36) On peut lire dans les *Essais historiques* de Saint-
Foix (2ᵉ partie, p. 125 et suiv.) la description d'une de ces
fêtes, qui n'était qu'une effroyable allégorie du massacre que
l'on méditait à la cour. « Peut-on sans frémir d'horreur,
« ajoute le même écrivain, penser à une femme qui imagine,
« compose et prépare une fête, un ballet sur le massacre
« qu'elle doit faire quatre jours après d'une partie de la
« nation où elle règne! qui sourit à ses victimes; qui joue
« avec le carnage, qui fait danser l'amour et les nymphes sur
« les bords d'un fleuve de sang, et qui mêle les charmes de

« la musique aux gémissemens de cent mille malheureux
« qu'elle égorge. »

(37) Historique. *Histoire universelle*, trad. de l'anglais,
t. LXXVI, p. 479.

(38) Historique. Voyez Bossuet, p. 687.

(39) Simon Le Mai voulut assassiner, en 1566, Charles IX, Catherine de Médicis et le duc d'Anjou. Les Guises
dirent que M. de Coligni était son complice, mais ils ne le
persuadèrent à personne.

(40) Historique.

(41) Historique. Voyez l'*Histoire de la Saint-Barthélemi*
déja citée, p. 190.

(42) Historique. Le même ouvrage, p. 114.

(43) Bossuet, p. 688.

(44) Historique. Voyez l'*Essai sur les mœurs*, chap. 171.

(45) Historique. Bossuet, p. 687 et 688. — *Histoire universelle* déja citée, t. LXXVI, p. 479.

(46) *Histoire de la Saint-Barthélemi*, p. 188.

(47) Le même ouvrage, p. 202.

(48) L'amiral de Coligni envoya une colonie française dans
le nord de l'Amérique. Bossuet, p. 679.

(49) Historique. Bossuet, p. 689.

(50) Historique. Bossuet, p. 687.

(51) Historique. Bossuet, p. 687.

(52) Historique. Bossuet, p. 689.

(53) Historique. Bossuet, p. 689.

(54) Historique. Bossuet, p. 690.

(55) Le chancelier de L'Hôpital était soupçonné de partager les opinions religieuses des calvinistes dont il avait défendu la cause au fameux colloque de Poissi et à l'assemblée de Saint-Germain. De là, le proverbe si connu dans le temps : *Gardons-nous de la messe du chancelier.*

(56) *Histoire de la Saint-Barthélemi*, p. 27 et 28.

(57) Historique. Bossuet, p. 689.

(58) « Il osa (Poltrot de Méré) charger l'amiral de Coligni « et Théodore de Bèze d'avoir au moins connivé à son atten-« tat; mais il varia tellement dans ses interrogatoires qu'il « détruisit lui-même son imposture. » *Essai sur les mœurs et l'esprit des nations*, chap. 171.

(59) Tout cela est vrai, mais les Guises avaient fait venir en France des Espagnols, des Allemands et des Suisses.

(60) Bossuet, p. 689. — *Histoire universelle*, trad. de l'anglais, t. LXXVI, p. 481.

(61) *Histoire universelle*, t. LXXVI, p. 480.

(62) Le même ouvrage, t. LXXVI, p. 480.

(63) Voici ce que M. de Montmorin, gouverneur d'Auvergne, écrivit au roi après avoir reçu l'ordre de faire assassiner les protestans qui étaient dans sa province : « Sire, j'ai

« reçu un ordre de Votre Majesté de faire mourir tous les
« protestans qui sont dans ma province. Je respecte trop
« Votre Majesté pour ne pas croire que ces lettres sont sup-
« posées ; et si, ce qu'à Dieu ne plaise, l'ordre est véritable-
« ment émané d'elle, je la respecte aussi trop pour lui obéir. »
Il est probable que M. de Montmorin ne pensait pas comme
M. de Châteaubriand qui a dit dans le *Post-scriptum* de son
ouvrage intitulé, *de la Monarchie selon la Charte :* « Il faut
« toujours respecter, adorer la volonté royale ; hésiter un
« moment à s'y soumettre, serait un crime. »

    « Le bourreau de Lyon, dit Saint-Foix, à qui le gouver-
« neur ordonna d'aller expédier quelques huguenots qui
« étaient dans les prisons, lui répondit *qu'il ne travaillait que*
« *judiciairement.* Voilà l'homme le plus vil par son état qui
« a plus d'honneur qu'une reine et son conseil. » *Essais histo-*
riques sur Paris, t. III, p. 324, Londres, 1759.

(64) Historique. Bossuet, p. 690.

(65) Le même, p. 690.

(66) Le même, p. 690.

(67) Le même, p. 691.

(68) *Histoire de la Saint-Barthélemi,* p. 238.

(69) *Essai sur les guerres civiles de France,* à la suite de
la *Henriade.*

(70) Historique.

(71) « On dit que Catherine de Médicis, craignant les re-
« mords de son fils, hâta le signal de plus d'une heure ; elle

« le fit donner par la cloche de Saint-Germain-l'Auxerrois. »
Histoire d'Italie, par Fantin Desodoards, t. VI, p. 185.

(72) Historique. Bossuet, p. 691.

(73) « Son fils, qui a écrit des mémoires, rapporte que
« son père, étant au lit de mort, fit une confession générale
« de sa vie, et que le confesseur lui ayant dit d'un air étonné :
« *Quoi! vous ne me parlez point de la Saint-Barthélemi? Je*
« *la regarde*, répondit le maréchal, *comme une action mé-*
« *ritoire qui doit effacer mes autres péchés.* » Note (*dd*) du
second chant de *la Henriade*.

(74) Historique.

(75) Voyez de Thou, l. LII. — D'Aubigné, *Histoire uni-*
verselle, t. II, l. I, chap. LV. — L'abbé Pérau, continua-
teur des *Hommes illustres de France*, t. XV, p. 624. — *Essais*
historiques sur Paris, par Saint-Foix, 1re partie, p. 62, Londres, 1754.

(76) Historique. *Essais* de Saint-Foix, 1re partie, p. 62.

(77) Voyez la note (*q*) du second chant de *la Henriade*.

(78) Historique. Bossuet, 691.

(79) Voyez pour cette scène l'*Histoire de la Saint-Bar-*
thélemi, p. 275 et suiv.

(80) Historique. Voyez la note (*kk*) du second chant de
la Henriade.

(81) Historique. Voyez la note (*z*) du second chant de *la*

Henriade. — *Histoire de la papauté*, trad. de l'allemand, p. 172.

(82) « Comme sa femme lui avait intenté un procès pour « cause d'impuissance, les dames de la cour allèrent voir son « corps nu et tout sanglant, par une curiosité digne de cette « cour abominable. » Note (*gg*) du second chant de *la Henriade.*

(83) « Pour le Vidame et Montgomeri, quand ils ouïrent « le bruit de la ville, ils voulurent passer la rivière avec ceux « qui les avaient suivis dans le faubourg Saint-Germain pour « voir ce que c'était. Chose étrange! ils aperçurent le roi qui « les tirait par les fenêtres du Louvre; ils se sauvèrent en « diligence. » Bossuet, dans l'ouvrage cité, p. 692.

(84) « Quelques prêtres, tenant un crucifix d'une main et « une épée de l'autre, couraient à la tête des meurtriers, et « les encourageaient au nom de Dieu de n'épargner ni parens « ni amis. » *Essai sur les guerres civiles de France*, à la suite de *la Henriade.*

(85) Voyez l'*Essai sur les guerres civiles de France*, à la suite de *la Henriade.* — *Essais historiques sur Paris*, par Saint-Foix, 2me partie, p. 11, Londres, 1754.

(86) Historique. Bossuet, p. 693. — *Histoire universelle*, déjà citée, p. LXXVI, p. 485.

(87) Voyez pour les trois scènes suivantes l'extrait des particularités curieuses que le maréchal de La Force raconte de la Saint-Barthélemi. Note (*kk*) du second chant de *la Henriade.*

(88) Le comte de Coconas eut la tête tranchée quelque temps après la Saint-Barthélemi.

(89) Voyez la note (z) du second chant de *la Henriade*.

(90) Historique.

(91) Historique.

(92) Historique.

FIN DES NOTES.

www.ingramcontent.com/pod-product-compliance
Lightning Source LLC
Chambersburg PA
CBHW070401090426
42733CB00009B/1485